百年巨匠

深邃蕴藉颇壮美

大师 潘天寿

Century Masters
Pan Tianshou

百年巨匠 国际版 系列丛书

周瑞华 著

敦煌文艺出版社

图书在版编目（CIP）数据

百年巨匠：国际版．深邃蕴藉颇壮美：大师潘天寿／周瑞华著．— 兰州：敦煌文艺出版社，2019.6
ISBN 978-7-5468-1701-9

Ⅰ．①百… Ⅱ．①周… Ⅲ．①潘天寿（1898-1971）－传记 Ⅳ．① K825.72

中国版本图书馆 CIP 数据核字（2019）第 030787 号

百年巨匠 国际版系列丛书

深邃蕴藉颇壮美

大师潘天寿

周瑞华 著

总 策 划：马永强　杨继军
项目负责：余　岚　赵　静
统筹策划：徐　淳
责任编辑：张明钰
艺术监制：马吉庆
装帧设计：李晓玲　禾泽木

敦煌文艺出版社出版、发行
地址：（730030）兰州市城关区读者大道 568 号
邮箱：dunhuangwenyi1958@163.com
博客（新浪）：http://blog.sina.com.cn/lujiangsenlin
微博（新浪）：http://weibo.com/1614982974
0931-8773148（编辑部）　　0931-8773112（发行部）

兰州华峰印刷有限公司印刷
开本 720 毫米 ×1020 毫米　1/16　印张 11　插页 1　字数 162 千
2020 年 1 月第 1 版　2020 年 1 月第 1 次印刷
印数：1 ~ 3000

ISBN 978-7-5468-1701-9
定价：48.00 元

如发现印装质量问题，影响阅读，请与出版社联系调换。
本书所有内容经作者同意授权，均可使用。
未经同意，不得以任何形式复制转载。

目录 Contents

第一章　自学成才
2　第一节　画事乃匠人所为　君子不齿
10　第二节　以《芥子园画谱》为师
17　第三节　入读"浙一师"
27　第四节　经亨颐"人格教育"的感化
32　第五节　秃头僧，乡间教员的烦恼

第二章　崭露头角
40　第一节　拜师吴昌硕
49　第二节　生死之交吴茀之

56　第三节　中国第一个中国画系的创立
62　第四节　创办上海新华艺专

第三章　国立杭州艺专十年
68　第一节　改良国画
77　第二节　林风眠与潘天寿"分科合系"之争
83　第三节　白社

第四章　八年流离
88　第一节　一路南迁
94　第二节　从东南联大到英士大学

101 第三节 "救救孩子"

第五章　中流砥柱

112 第一节 六十六，学大木
121 第二节 中西画分科
126 第三节 人物、山水、花鸟分科
133 第四节 中国第一个篆刻专业

139 第五节 中国画大画第一人

第六章　悲惨的晚年

148 第一节 "文革"遭难
157 第二节 满心是伤，溘然长逝
165 第三节 霸悍一生

第一章

自学成才

ZIXUE CHENGCAI

潘天寿出生在书香门第。自小就展露出他在绘画方面的天赋和兴趣，并在这个兴趣的引导下，通过自学完成了他中国画早期的教育和训练。

第一节
画事乃匠人所为君子不齿

俗话说,"三岁看小,七岁看老"。

潘天寿出生在书香门第,自小就展露出他在绘画方面的天赋和兴趣,并在这个兴趣的引导下,通过自学完成了他中国画早期的教育和训练。

1897年,潘天寿生于浙江省宁海县冠庄村,在那个宁静而又封闭的地方,绘画被视作是"君子不齿"的行当,这让潘天寿的学艺之路曲折又艰辛。所幸的是,在他自学绘画的道路上,能够得到李叔同、经亨颐、吴昌硕等大师级人物的点拨,使得潘天寿无论是在自我人格的塑造还是绘画基础的奠定上,都受益匪浅,少走了不少弯路。当然,潘天寿的人生和他的绘画理念都有着深刻的时代烙印。在社会动荡不安、

潘天寿故居

军阀争权夺利且不断混战的年代里,潘天寿与那个年代的知识分子一样,把自身的命运与时代和国家的命运紧紧地捆绑在一起,在他们看来,绘画不仅仅是一个职业,还是他们选择的一条救亡图存的路径。

浙江宁波的宁海县历史悠久,人才辈出,这里是明代著名学者、文学家方孝孺的故乡,也是《徐霞客游记》的开篇之地。距离宁海县城以北15公里,有一个三面环山名叫冠庄的小村庄,一代国画大师潘天寿就出生在这里。

位于冠庄的潘天寿故居,是一座典型的浙东风格的木质结构的二层四合院建筑,黑色的柱子,红色的门廊,四周封闭。走进去,是一个浙东常见的小天井,往庭院深处走,有正屋、东厢房、西厢房,当地人称之为"楼下道地"。1897年3月14日,潘天寿就出生在东首的"大房"里,这天正好是传说中的花节。

潘天寿很满意自己"百花生日生"的生日,后来潘天寿往往在自己的得意之作上盖上"百花生日生"的印章。

冠庄过去的居民以潘、朱、张、郑四大姓氏为主,潘姓氏族在宋末元初的时候迁到这里后,定居下来,成为冠庄的大姓。根据潘家的族谱记载,潘天寿的祖

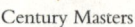

潘天寿出生地宁海冠庄"又新居"东大房　　潘天寿故居

上元初时即迁到冠庄，到潘天寿祖父潘期照这一代已经是十六世。由于潘家祖上几代人勤劳治家，潘家算得上是当地的殷实之家，从潘家留下来的宅子也能看出，这是一个曾经富庶的家族。据说潘期照为人慷慨重义气，勤劳节俭又善耕作，在他手上买入了不少田产，最多的时候田产达到四百亩。

富裕之家没有生计的烦恼，自然也就十分重视子女的教育，希望家里有人能够考取功名，得个一官半职，也算是为潘家光宗耀祖了。因此，潘期照对五个子女的教育十分上心。潘天寿的父亲潘秉璋是家中长子，自然被寄予了厚望，他也没有辜负父亲的期望，一直以来潜心读书，在二十五岁（1898年）那年考取了秀才，一时之间轰动了小小的宁海县。而那时，潘天寿刚出生一年。

相比于村子里其他的孩子，潘天寿自幼就生活在文化氛围浓厚的家庭里，作为冠庄唯一的秀才，潘秉璋不仅知书达理，而且慷慨仁厚、乐于助人，深受当地村民的爱戴，被当地人尊称为达品先生。潘秉璋是众人眼中的文人，平日里写副对联、写封信什么的，乡亲们总是第一时间想到他，谁家里发生矛盾要找人来调解，也总爱请他出面评个是非曲直。对乡亲们的请求，他都欣然接受，也因此在当地颇有人缘，后来他被推举为乡长，这一当，就是三十多年。

母亲周氏则是宁海西郊外两水拱村右榜举人周熊飞的长女。她自幼天资聪慧，受到家庭书香氛围的熏陶，知书达理，温柔贤惠。周家与潘秉璋家倒也是

"门当户对"。周氏是冠庄人眼中不可多得的贤妻良母,她不仅把家操持得井井有条,还心灵手巧,刺绣、剪纸样样拿手,她的剪纸样式新颖,剪出来的动物栩栩如生,选材也是匠心独运。潘天寿的艺术启蒙,可以说正是来自他的母亲。

每年到了正月十五,冠庄都会举办元宵灯会,家家户户都来参加,热闹非凡,是当地一年中格外喜庆的活动。按照习俗,当地的孩子都会在家做灯笼,在灯笼上用彩笔画上画,然后拿到灯会上去展示。

孩子们聚在一起,难免喜欢攀比,看看谁做的灯笼更好看。潘天寿在母亲的指导下,每次在灯笼上画出来的画都很别致,总是引得别的孩子羡慕不已。可以说,在潘天寿的艺术启蒙教育中,母亲周氏扮演了十分重要的角色,她也许并没有想把儿子培养成一个画家,只是在言传身教中,把自己获得的知识和对美的理解,潜移默化地传授给了儿子。例如,她把自己对色彩的理解,总结成朗朗上口的"歌谣":"红配绿、花簇簇;青间紫,不如死;粉笼黄,胜增光;白比黑,分明极。"这也是潘天寿最初受到的色彩启蒙教育。

遗憾的是,1903年,宁海县发生了轰动全国的"宁海教案"事件,宁海大里村秀才王锡桐因不堪忍受当时在宁海的法国教民为非作歹,于是,他成立了反教会党——伏虎会发动起义。有一次王锡桐带着起义军路过冠庄时,潘秉璋大约是出于"秀才惜秀才",竟然毫不避嫌,在家中设宴招待了他,以示支持。

后来,清政府迫于法国政府的压力,对王锡桐武装队伍发起围剿,清政府要彻查余党,凡是与王锡桐有过往来的人,都可能会被当作余党抓起来。潘天寿的母亲当时正处于产褥期,本来身体就虚弱,又因为怕潘秉璋受到牵连,整日担惊受怕思虑过重,竟一病不起,早早地去世了。虽然母亲早逝,但她的温良慈爱、对潘天寿的绘画启蒙教育,已经影响了幼年的潘天寿。

成长于殷实之家,父母又皆为知书达理、为人和善的豁达之人,潘天寿幼年生活在无忧无虑的环境中,这让他的性格十分敦厚,在私塾里也颇受先生和同学的喜爱。

潘天寿就读的私塾中堂上的匾额

潘天寿七岁进入村中的私塾。这是当地已有上百年历史的私塾，私塾中一位名叫天道的先生也是传统的文人，他教孩子们旧式的《四书五经》《千家诗》等课程，要求他们每天对着字帖临摹。在私塾里读书的大多是穷苦人家的孩子，读书大多是为了识字，能认得字即可，也不讲求字写得有多好，学问做得有多深。天道先生自然也明白这个道理，讲课的时候，也甚少讲如何运笔用墨，每天也只给学生安排一些描字的作业，学会写字就可以了。

一般的孩子每天完成先生布置的任务就可以了，不过潘天寿总是会在每天午饭后多写一张字，这个习惯他一直保持到了晚年。

每天读书写字，对一个七岁的孩子来说，难免有些单调枯燥。但是当时的私塾并不教音乐绘画等课程，也不支持孩子们学这些不实用的东西。因为在教书先生看来，这些都是匠人所为，都是为了取悦他人，将来难成大器。天道先生不知道的是，在他的课堂上，有一个孩子，不知不觉间爱上了画画。

这个孩子就是潘天寿。也许是受到母亲周氏的影响，潘天寿发现自己对涂涂画画很感兴趣，读书习字之余，总喜欢趴在课桌上，在纸上涂涂描描，画地上走的鸡、空中飞的鸟，还有山上的岩石。但是苦于没有老师指导，也没有画册可供参考，他当时唯一能接触到的有图画的书籍，就是《水浒传》《三国演义》这些连环画，这成了他为数不多的临摹对象。

每到课间，别的孩子都跑出去嬉戏打闹的时候，潘天寿总是趴在桌子上，对着书中的插画临摹，有时候上课无聊，他就把连环画藏在书本下面，偷偷地描画起来。渐渐地，他的画在同学中有了名气，小伙伴们纷纷向他索画，他也乐于把自己的画送给小伙伴们。

当然，这一切天道先生是被蒙在鼓里的。直到有一天他安排学生在课堂上背诵课文，趁着学生背诵的间歇，他踱步走出教室，不一会儿当他回到教室的时候，看到班上几个顽皮的学生在打闹，一个学生看见他后，惊慌失措地把什么东西藏在了书本下面。

天道先生走过去，要求这名学生拿出藏起来的东西。那是一张《三国演义》的插画，画中的人物栩栩如生、惟妙惟肖，先生认定，这绝不可能出自一个几岁孩子之手，便问他画是从哪里来的。

这名学生支吾了半天不肯说，眼见着先生手中的戒尺就要落在他的手心上了，在一旁的潘天寿腾地站起来，承认这是他画的。

天道先生看看手中的画，又看看年幼的潘天寿，怎么也不敢相信这竟然出自他手。要是放在以前，先生看到孩子们涂涂画画，会把画撕掉扔了，但是看着眼前这幅精美的画，他有些于心不忍，高高举起的戒尺徐徐放下，最终也没落到潘天寿的手心上。

先生并非迂腐之人，只是在过去中国"士农工商"的社会结构中，画师是不在主流之列的。通过读书掌握知识，进而进入"士"的阶层，才是当时世人所认可的成才之道。而画师、乐师这些职业，都是取悦于他人的行当，成不了大器不说，也不是什么受人尊敬的职业。他留下一句"画事有何出息，此乃匠人所为。巫医乐师百工之人，君子不齿矣"，便叹着气走了。

从那以后，每当私塾的小伙伴们看到潘天寿又在伏案作画，便学着先生的样子，摇头晃脑地对着他念叨："巫医乐师百工之人，君子不齿矣。"面对来自小伙伴的嘲笑和奚落，他丝毫没有动摇过，画画仿佛是他身上的铠甲和手里的武

潘天寿作品《盆兰墨鸡》

器,有了它,就能为自己铸造起一个城堡,可以抵御外来的任何攻击。

父亲潘秉璋知道儿子对绘画感兴趣后,与天道先生的观念不谋而合。这位通过科举考试实现了跨越阶层的父亲,在对儿子的教育问题上,有着更为实际的考虑。在潘秉璋的人生阅历中,画画是上流社会文人雅士的一种消遣,像他们这样的家庭,唯有通过科举考个功名才是上策。

所以尽管平日里对这个乖巧懂事的儿子十分疼爱,但是在绘画这件事情上,潘秉璋是一点都不肯让步,潘天寿也为此挨了不少打。只可惜,绘画已经在潘天寿的心里扎了根,每次挨了打,他也顶多只是揉揉红肿的手心,另一只手继续画画。

除了画画,儿时的潘天寿还喜欢往野地里跑,他常常对着山、对着水一看就是半天。在别人眼里,这个孩子有一种"痴",不过晚年的潘天寿在回忆时说:"我年轻的时候喜欢往野地里跑,对着山看半天,对着水看半天,眼睛在看,心里在想,想那些和山和水有关系的事情,其实都是人的事情。"

第二节
以《芥子园画谱》为师

在日本明治维新的影响下,1905年,袁世凯、张之洞奏请清政府废除科举制度,推行新式学堂。1905年底清政府谕令一律停止科举考试,代之以推行新式教育。这意味着,潘天寿无法复制父亲潘秉璋获取"功名"的路径——通过科举考试走上仕途。

于是,1910年,在结束了七年的私塾教育后,潘天寿被父亲送到宁海县城,就读于当时的新式学堂——宁海缑中学堂。缑中学堂位于宁海县的关岳庙,条件颇为简陋,但让潘天寿特别开心的是,学校开设有一门正式的绘画课程。这一回,他终于可以名正言顺地画画了。

这一年,潘天寿十四岁,他晚年回忆说:"我从十四岁起

宁海正学高等小学旧址

就决心要做一个中国画家。"

在他入读缑中学堂的第二年,辛亥革命爆发。在了解了孙中山的革命主张后,潘天寿对孙中山十分敬仰,当他得知中山先生号召全中国的男人都剪掉后脑勺上的辫子时,他二话不说就剪掉跟了自己十几年的长辫子,只留一个小平头,以示对孙中山的支持。此后他一生都留着这种小平头。从这件小事也能看出来,在青少年时期,在沉默内敛的外表下,潘天寿是一个爱国、关心国家命运的热血青年,而非旧式的"两耳不闻窗外事"的读书人。

也是在这个时期,潘天寿在绘画上有了一次质的飞跃。这源于他无意中接触到的一本《芥子园画谱》,这本书由浅入深系统地介绍了中国绘画的知识,让潘天寿对绘画第一次有了十分全面的认识。

他在后来回忆说:"到城里入国民小学以后,买到《芥子园画谱》,才知道画的范围很广,分科复杂。以前学画无师自通,完全是凭着兴趣自己摸索,而《芥子园画谱》不仅系统地介绍了绘画的分类、历代画家的作品,还十分翔实地介绍了中国画的基本技法,由分步的练习到整体的组成,由简单的基础理论到高深的原则,都是由浅入深,步序井然。"如果说,在这之前,潘天寿学画一直都是"自学成才"的话,《芥子园画谱》就是潘天寿艺术道路上的第一位启蒙老师,

齐白石

丰子恺

陆俨少

通过这本画谱，他逐渐懂得了诗文、书法、金石以及画史、画理间有不可分割的联系。

《芥子园画谱》是由清代文学家李渔出资，由李渔的女婿沈心友和山水名家王概及其兄弟几人在收集和整理前朝各代名家的绘画笔法的基础上，总结编著而成的一本画传，因为李渔在南京的私家别院名为"芥子园"，故名《芥子园画谱》。李渔当初出资编著该书的目的，是想再现中国画的次第，为后人习画提供一个可靠的参考和依据。《芥子园画谱》系统地介绍了中国画的基本技法，内容浅显明了，特别适合初学者。可以说，《芥子园画谱》之于绘画初学者，犹如《唐诗三百首》之于初学诗歌之人，都是入门级的范本。

齐白石、丰子恺、陆俨少等画家在初学绘画时，都选择了《芥子园画谱》作为入门的范本。齐白石本来是个雕花匠，二十岁的时候出门干活，偶然在主顾家里看到一本乾隆年间翻刻的《芥子园画谱》，他跟主顾借来画谱，照着画谱雕花，为后来绘画打下了基础。齐白石四十岁后以绘画知名，到了晚年他还念念不忘当年那本《芥子园画谱》给他带来的影响。

潘天寿接触到《芥子园画谱》之后如获至宝，第一次知道原来绘画分如此多的派别，有如此多的技巧。不过当时在经历了一系列的变故之后，潘家的家境已经大不如前，他靠着省吃俭用三个月才积攒下来的一点钱，在书店里买下了一套石印本《芥子园画谱》，开始从头研习中国画的技法，并从中找到表达自己情感的独特方式。

潘天寿进入缑中学堂的时候已经十四岁,比同班同学都大了七八岁,在学校里显得有些格格不入,很难融入他那些来自城市的同学当中,他的内心十分孤独。而绘画就成了他当时最大的慰藉,他开始如痴如醉地临摹《芥子园画谱》,甚至在上课的时候,也忍不住铺开画纸临摹起来,还因此受到老师的严厉斥责,差点被学校开除。

他后来回忆说,"由于《芥子园画谱》是石印的,没有颜色,墨也没有浓淡之分,临摹起来就很困难,周围也没有画师可以请教"。他在宁海有个姑姑,对这个侄儿视如己出,常让潘天寿到家里去玩。姑父是个读书人,家里收藏了不少古玩字画,潘天寿就常常借着去姑姑家玩的机会,欣赏墙上挂着的唐寅、仇英、郑板桥等人的画作,学习绘画技法,体会《芥子园画谱》中所没有的笔墨气韵。

当时父亲只能提供他学费和最低限度的生活费,为了省钱画画,他就花上一毛钱买一刀土纸,用水当墨在纸上画画,晾干后再从淡墨到浓墨,画上好几遍。他还自己尝试用兔毛、羊毛、猪鬃做毛笔。为了省钱,他还自制墨锭,在河里找到一块砚石料,抬回家去,自己动手做了一个砚磨池,这个大砚池他一直用到离开家乡时。

有一次,潘天寿又在课堂上描摹绘画,被老师发现没收了他的笔墨纸砚。潘天寿想了个办法,把蚕茧对半剪开,套在指头上当作画笔蘸墨绘画。这个无心之举让他发现,用手指作画竟能营造出一种画笔所不能表现的意趣。后来他在县城一位叫严晓江的老先生那里,目睹了老先生用手指蘸墨作画,这种用手指作画带来的酣畅淋漓之感,让潘天寿沉迷,他很快爱上了这种指墨画。他的《晴霞》《朱荷》等作品即为指墨画的代表作,其作品中所画的荷花,就是以指尖勾线,以手掌抹出荷叶,这种生动的气韵,是毛笔所无法实现的。

在极为艰苦的条件下,潘天寿始终没有停止绘画练习。正如家乡的雷婆头峰是他孤独无助时的慰藉,在他青少年求学的生涯里,《芥子园画谱》陪伴他度

潘天寿作品《江南春雨》

潘天寿作品《蜻蜓荷石》

过了那段孤寂的岁月,丰盈了他的内心。

1913年夏,父亲潘秉璋接到邻近金村族长的邀请,为金氏家族修宗谱。在过去的乡村,修宗谱是族内的大事,一般都是由品行、学问和书法皆上乘的德高望重的人来完成。这也可见潘秉璋在宁海县的声望和地位,潘秉璋和胞弟潘秉珪欣然应邀,开始着手编纂《大岙金氏宗谱》。

在叔叔潘秉珪的建议下,正在宁海县城读书的潘天寿也参加了修谱,他一有空就到金氏祠堂收集资料、抄写。后来,金氏族人得知潘天寿酷爱临摹《芥子园画谱》,画的山水画惟妙惟肖,便请潘天寿在宗谱里加上历代祖茔的方位示意图,以便让族人一目了然,方便日后祭拜。

潘天寿接受了这项任务后,为了弄清方位,跟着金村年龄相仿的村民多次到相见岭、马兰岭和雷婆头峰一带实地考察写生,回来后凭借记忆画了十四幅金氏家族历代祖茔的方位示意图。这些图山脊脉络清晰,田、路界限及层次分

潘天寿作品《记写少年时故乡山村中所见》

明,浓淡墨色,犹如山水画一般,引得众人赞不绝口。

这段勘探写生的经历,让潘天寿第一次对家乡的石头有了深入细致的观察,在这个过程中,一些巨石给他留下了十分深刻的印象。例如斗鸡岩是矗立在两座相对的山坡上的巨大岩石,看起来就像是即将投入战斗的英姿勃发的两只鸡,"嶙峋对峙撑高峰,俨若双鸡斗舞容"描述的就是斗鸡岩。这两块巨石,后来还出现在潘天寿的国画作品《记写少年时故乡山村中所见》中,据说潘天寿酷爱画巨石,这与其家乡宁海境内的众多奇岩怪石有关。

潘天寿的学艺生涯,几乎是凭借自学得以成才,仅靠着一本《芥子园画谱》就画得像模像样,后来得到了李叔同、吴昌硕等大师的赏识,足以看出他是一个特别有天赋的人。但是,有很高的天赋,仍需要良师的指引,才能避免误入歧途,少走弯路。从这个角度来说,潘天寿是幸运的,因为在他的艺术之路上,遇到了几位对他后来产生极大影响的老师。

第三节

入读"浙一师"

　　1904年,在维新思想的推动下,一批有识之士筹资在原来文昌书院文昌阁清节堂上修建了一所现代新式学堂——宁海县官立高等小学堂,是当时宁海县的"最高学府"。

　　1912年辛亥革命后,因为宁海县为明朝知名学者方孝孺——"正学先生"的故乡,为了纪念方孝孺,学校更名为"正学高等小学堂",也称"正学高等小学",该校的前身为"文昌书院"。 1912年,潘天寿初小毕业后,进入了宁海县的正学高等小学就读。学校推行新式教育,开设格致、地理、历史、图画、体操、算学、国文等课程,这对从未走出过宁海县的潘天寿来说,是一种全新的体验,这些新式教育思想也第一次冲击了他的世界观。

尽管维新运动推行已久，但在维新运动引起的思想变革还没有波及潘天寿幼年所生活的冠庄，在那个宁静又略显沉默的村庄里，村民们恪守的还是未经变革的传统思想和文化，潘天寿面对的也是古板的教书先生、严厉的父亲，耳濡目染的是传统文化，到了正学高等小学之后，新式的教育理念完全打破了他过去的知识结构，对他日后的艺术生涯产生了深远的影响。

1915年，潘天寿从正学高等小学毕业。这一年他十九岁，正面临着人生中的一个重大选择。

当时的中国社会正处在一个十分动荡的时期。辛亥革命推翻了清政府后，在很长一段时间里，中国的政治舞台上各个派系争权夺利的戏码持续上演，军阀之间的你争我夺给社会造成严重危害。

在动荡不安的局势中，那些处在社会最底层的农民受到了极大的影响。农民被军阀压迫，不得不缴纳各种苛捐杂税，有时候军阀还轮番向农民收税，农民也只能敢怒不敢言。最为夸张的是，四川一个地区的农民一年被不同的军阀征收了十四次农业税，弄得民不聊生。在这样的历史背景下，潘家也没有逃脱家道没落的命运，以前的殷实之家在经历了多次的变故之后已经十分困窘。

潘天寿毕业后，向父亲表达了继续求学的愿望，父亲无奈地告诉他，家里已经无力继续供他读书，他只能回家种田了。从内心来说，那时的潘天寿已经走出了故乡，接触到了另一个完全不一样的世界，他是不愿意再回到那个守旧的家乡，做一个"日出而作日落而息"的农民，但他拗不过现实，只好收拾行李跟着父亲回了老家冠庄，跟以前私塾的小伙伴一样，当起了农民，跟着家里人下地干农活。

这是潘天寿人生中最初的黑暗时期。十九岁，正是思想极为活跃、对未来充满憧憬的年纪，尤其是在宁海县城的几年里，潘天寿接触到了很多外面的信息，看到了一个更广阔的世界，而他却因为现实被困在了群山环绕的小山村里，这里虽然宁静但却很保守，连个可以交流的人都找不到。现实与理想之间的巨大落差,让他觉得自己就像一个囚徒。

颇为懂事的潘天寿自然不会在家人面前表现出自己失落的情绪,每当胸中郁闷无处发泄的时候,他就独自一人爬上离家不远的雷婆头峰,坐在山上眺望远方,远方有他向往的世界和生活。当时,雷婆头峰成了他人生低谷时期陪在他身边的伴,它就像一个无言的老友,让潘天寿可以自由地抒发自己内心的感受。对雷婆头峰,潘天寿的感觉是格外亲切的,在他后期的画作中,他的落款大多为"雷婆头峰寿者",就暗含着他人生中这段无奈的岁月,"寿者",就是指当时在山峰上向往着外面繁华世界的他自己。

不过这样的日子没有持续多久。1915年6月,有好消息传来,浙江省立第一师范(以下简称"浙一师")正在招生,学校学费、食宿费全免,这个消息让潘天寿一家喜出望外。潘天寿收拾了简单的行李,为了省钱,他步行百公里到省城杭州参加考试。临行前,父亲对他说,能考取,继续念书,不能考取,回家种田。父亲的话让潘天寿深感这是一次决定他命运的考试,能不能走出冠庄,摆脱面朝黄土背朝天的命运,就靠这次机会了。

幸运的是,在当年参加考试的一千二百多名学生中,潘天寿最终以策论第一、总分第二的优秀成绩被浙一师录取。他的策论写的就是七岁那年目睹的乡民们反抗法国传教士的斗争,他讲到身为普通民众的母亲如何在这场斗争中受到牵连,引申出普通中国民众在列强的欺压下过着生灵

潘天寿家乡的一座小山——雷婆头峰

浙江省立第一师范学校钟楼及庭院

涂炭的生活，由此展开，纵论时局，表达了忧国忧民的拳拳之心，并深深地打动了考官。

浙一师前身是1899年设立的养正书塾，辛亥革命后改为浙江省第一师范学校，师资力量充实，大师云集、人才辈出，丰子恺、柔石、冯雪峰、郁达夫、吴梦非等都曾在这里就读。当时浙一师的校长经亨颐是浙江上虞人，民国时期著名的教育家，素有"一师蔡元培"之称。他早年留学日本，回国后投身教育，创办了浙江省立两级师范学堂，也就是后来的浙江省立第一师范。经亨颐为人刚正率直、做事务实，敢于迎着潮流而上，在他担任浙一师校长的十年里，吸引了当时的一大批名家，如沈钧儒、鲁迅、许寿裳以及大才子李叔同等都来这里执教。

浙一师虽然不是艺术专科学校，但经亨颐的教育理念注重培养学生的德育，倡导"以美育完成其道德"，因此他最为看重的是国画与音乐两科。在经亨颐的美育教育主张指导下，浙一师虽然是一所师范院校，但校园里充满了艺术氛围。曾在这里就读的丰子恺回忆起当时的浙一师时，是这样描述的："下午四时以后，满校都是琴声，图画教室里不断有人练习石膏模型木炭画，光景宛如一艺术专科学校。"

热爱绘画的潘天寿在这里如鱼得水，并且有幸得到了经亨颐和李叔同两位大师的指点，在艺术创作上有了质的飞跃。著名画家张振铎在《忆寿师》一文中曾说，潘天寿一生有幸遇到两位好老师，一位是大家熟悉的吴昌硕，另一位就是浙一师的校长经亨颐。

经亨颐对潘天寿影响最深的是金石与书法。经亨颐自幼便学习篆刻，是一位有着深厚造诣的金石书画家。在浙一师的时候,李叔同和一名学生发起了一个爱好篆刻艺术的团体"乐石社",该团体的成员就有身为校长的经亨颐、教师费龙丁等人。潘天寿入校后,很自然地也加入了"乐石社",于是就有了不少与经亨颐交流的机会。

浙一师的校长经亨颐

有一次潘天寿在乐石社刻印时,恰好遇到经亨颐来社里指导学生。潘天寿便上前恭敬地递上自己颇为满意的几方印章请经亨颐指导。潘天寿在一旁紧张地等待经亨颐的反应,只是他端详了半天,脸上没有露出潘天寿期待的欣喜之色。潘天寿又惴惴不安地递上几枚自己不太满意的印章,不料经亨颐看了之后紧皱的眉头才舒展开来,脸上有了笑容,他给潘天寿留下一句话:"治印非以整齐为能事,要取其自然。另外,治印须胸中先有书法,你可以学学秦篆汉隶。"

潘天寿听了老师的话,细细琢磨,又拿出自己的印对着印谱做比对,反复推敲后,终于茅塞顿开,他把自己以前刻的印全都磨了重新再刻。经亨颐的创作理念深深地影响着潘天寿,在他此后的艺术生涯中,他始终牢记着"自然"二字。

经亨颐学习书法曾致力于"二爨",他的书法中的舒卷气概对潘天寿有很大的影响。

潘天寿作品《江山多娇》

潘天寿 24 岁时所书"五叶流芳"匾

受到他的影响，潘天寿也开始临写二爨，形成自己独特的书法风格。二爨又叫爨碑，为"南碑瑰宝"，二爨分别是爨龙颜碑和爨宝子碑，上面的书法字体是隶书向楷书过渡的重要阶段。通过临摹二爨和其他书法大家的作品，潘天寿逐渐形成了自己平中带奇的书法风格。

而经亨颐对潘天寿最大的影响，恐怕还在于自我品格的形成以及对中国画的大力推崇上。经历过维新运动之后，当时的整个社会都推崇"西化"，这在画坛中就体现为对西洋画的推崇，认为中国画是过时、落伍的，很多从日本或者欧洲留学回来的画家，他们接受了西式美术观念并引入中国。在五四运动爆发前，国内已经有一些研究西洋画、倡导新的美术观念的画家团体和组织，例如 1916 年李叔同在杭州组织并主持的"洋画研究会"。这些画家和团体一方面极力推崇西洋画，另一方面倡导摒弃落伍的中国画，并且在中国画坛有很大的话语权，形成很大的影响力。

经亨颐极不赞成中国画走"西化"的道路，他坚信"国画是中国古文化特有的成就"，振兴民族艺术与振兴民族精神之间有着密不可分的关系。潘天寿的一生，都是在为中国画正名，证明中国画的价值，为中国画在画坛争取一席之地。

潘天寿入学后，李叔同就成了他的国画课老师。广为流传的一则故事是：潘天寿有一次上李叔同的静物写生课，李叔同给学生布置的作业是枫树叶的素描。潘天寿虽然已经有了很深厚的中国画功底，却不怎么会画素描，他性格内向又不愿意向老师和同学请教，便自作主张画了一张《芥子园画谱》中的枫叶。他自以为国画功底不错，这个作业会拿高分，没想到李叔同只给他打了六十分。

潘天寿掩饰不住内心的失望，拿着自己的作业向老师请教。李叔同从桌子上拿起另一位同学的作品递给他。潘天寿接过来一看，

李叔同

这幅作品不仅用笔细腻，而且明暗线条井然有序，李叔同给这幅作品打了一百分。

即便如此，潘天寿还是对西画提不起兴趣，认为西画涂涂改改后，就算是画得准也没有太大意思。那时候，每当图画课结束之后，潘天寿就拿起一摞自己画的国画追上李叔同，向他请教。李叔同是个讲求因材施教的老师，他看出潘天寿对国画的兴趣及天赋，于是循循善诱，为潘天寿学习国画创造条件。

李叔同在金石书法上也很有造诣，他的作品圆润浑厚，具有汉魏六朝的气息，潘天寿特别喜欢，常常向老师请教，师生之间由此结下了深厚的情谊。不同于上海美术界的繁荣，各种艺术展不断，当时在杭州没有画展，接触不到太多的绘画作品。潘天寿后来想到了一个地方，那就是裱画店。他常常利用课余时间去逛裱画店，默默地记下画作的用笔用墨、墨的浓淡处理、构图等技巧，回到宿舍后便开始练习。那时候他精力充沛，多的时候一天可以画二三十幅画，虽然有草率之嫌，但透着一股子野性。

在浙一师五年的时间里，有缘结识经亨颐和李叔同这样的良师益友，潘天寿的大学生活过得充实而又多姿多彩。除了画画，他就去浙一师图书馆，对着碑帖临本临摹。他的一个学弟沈本千说："他的字是全校写得最好的，一师图书

潘天寿作品《小鸟》

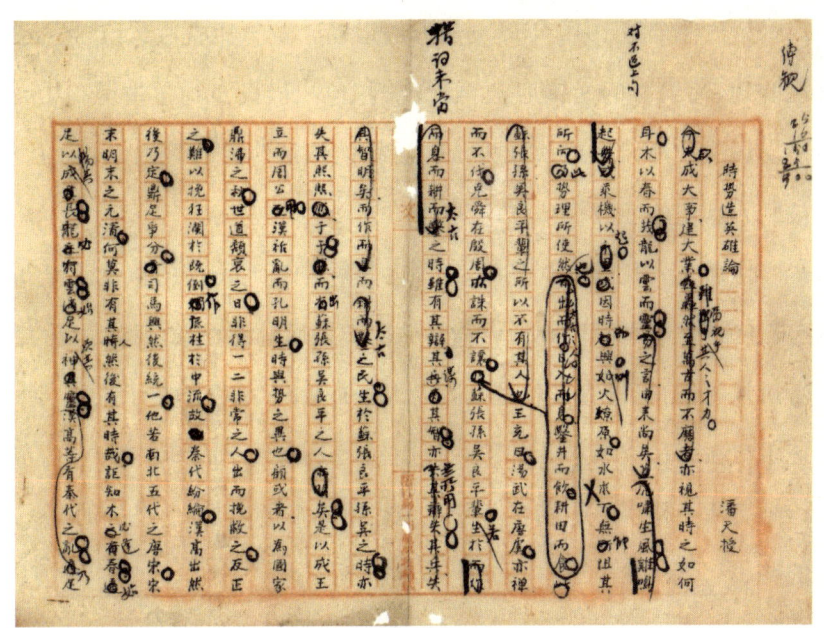

1917年，潘天寿就读浙江一师时写的《时势造英雄论》手稿

馆丰富的碑帖临本被他临摹遍了。称其为不迷不成家。"同学也常常到他这里求对联、屏条等，潘天寿也总是有求必应。

到了三四年级的时候，潘天寿成为"乐石社"的主要成员。这个时期，他的国画已经达到了相当高的水准，题材方面以松柏、牛、马、虎、象等为主，在刻印方面也已经相当成熟了。

浙一师宽松民主的氛围，让潘天寿有机会接触到全方位的知识，和当时浙一师的大多数学生一样，他大量地阅读国内外的新潮书籍，大大开阔了视野。

在这期间，有两件事对潘天寿产生了很大的影响。

第一件事是1918年老师李叔同在杭州的虎跑定慧寺出家，成为弘一法师。得知这个消息后，与李叔同朝夕相处的潘天寿受到极大的冲击。他跑到虎跑定慧寺，想要追随老师遁入空门，结果被劝了回去。多年之后，当潘天寿为凡尘俗世所烦恼时，他又动了出家的念头，弘一法师劝诫他："尘世多烦恼，有斗争，出家人之间的斗争、烦恼并不比尘世少。"

第二件事是 1919 年爆发的五四运动。浙一师成为这场学生运动在南方的主阵地，潘天寿的爱国心被再次唤醒，他积极投身到学生运动中，生性木讷不爱出风头的潘天寿这次成为走在游行队伍最前面的学生，脸上因此还留下了被刺刀刺伤的疤痕。

他那文人忧国忧民的意识开始觉醒，国家、民族的概念逐渐形成，他觉得自己应该为国家和民族做点事情。也正是通过这场学生运动，潘天寿在反复思考后认为，自己没有其他的才能，只会画画，于是他下定了决心，通过振兴民族艺术来振兴民族精神。如果说以前绘画是出于个人的兴趣爱好，到这个时期，绘画已成为他手中的武器。那时候的他不知道的是，他选择的是一条异常艰难的路。

第四节
经亨颐"人格教育"的感化

很多见过潘天寿的人,都觉得潘天寿不像一位艺术家,更像一位学者。在他存世的照片中,他戴着一副黑框眼镜,脸上露出温良、卑谦的表情。他的自律、一丝不苟,与传统观念中艺术家的随性、恣意、豪放的外在形象不同,潘天寿是内敛的。

除了他个人内敛、敦厚的性格因素之外,还要得益于在浙一师时恩师经亨颐所倡导的"人格教育"对潘天寿的人格塑造,这也决定了后来潘天寿

20 世纪 30 年代的潘天寿

在国立艺专任校长时期，能够大度地放下个人恩怨，邀请前校长林风眠回校任教；在个人命运随着中国画的衰落而陷入低谷时，他没有自怨自艾于个人命运多舛，而是着眼于中国画的复兴与发展。

经亨颐早年留学日本，在东京高师学习教育学。在留日期间，他阅读了大量西方哲学家的著作，他最早的教育理念受到西方思想家的影响颇深。他倡导民主主义教育，认为学校不是"贩卖知识之商店"，而是要培养学生健全的人格，因此，他抵制浙一师成为一个"职业培训所"，竭力笼络了一大批包括夏丏尊、陈望道、李叔同等当时一流的学者担任学校教师。

经亨颐在浙一师学生的心目中有着不可替代的位置。浙一师毕业生曹聚仁在他的回忆录《我与我的世界》中把经亨颐称为"我们的校长"，他特别指出，"'一师'先后，有过许多校长，可是我们说到'我们的校长'，只是指经子渊（亨颐）先生而言，跟其他校长毫无关系"。这对经亨颐来说，无疑是最高的评价。

师范学校为学生提供的是职业教育，但经亨颐在浙一师竭力推行的是"人格的纯正教育"，他用刘劭《人物志》所说的"淡"来说明，"人生好比一碗清水，教育的目的是培养学生健全的人格，以便使这碗清水发挥各种作用"。经亨颐把自己的教育思路称为"纯正教育""人格教育"，认为教育不以外力的改变而更改自己的本性；教育永恒的使命是尊重学生的人格，养成学生的人格。

什么是人格？经亨颐说，"人格"就是"为人之格式"。人格一方面是自立的、个人的，一方面是协同的、社会的。二者相互实现，同时修养才是正当。中国的教育观是协同的、社会的为先，自立的、个人的为次。这种教育观的问题在于失掉了根本：做人可以有多种"格式"，但根本的"格式"是"自治"。

在培养学生完善的人格上，经亨颐有他自己的一套方法。浙一师纪律严明，学风鼎盛，且常举办远足、运动会和文艺活动，以丰富和陶冶学生的情操。在课程上，经亨颐认为图画与国文两科"最合人格教育之本旨"。

在很多学生的印象中，经亨颐是一位富有艺术修养的文士。他担任浙一师校长期间，在他的领导下，浙一师的治学理念也充满了艺术性。例如，经亨颐从《论语》中摘取了四个字作为校训——"勤""慎""诚""恕"。勤，即"学而时习""好古敏以求""学而不厌，诲人不倦"；慎，即"言寡尤，行寡悔"；诚，即"真实无妄"；恕，即"己所不欲，勿施于人"。

他还亲自给学生上课。每周他会为每个班级讲授"修身"课程。这是他与学生直接接触的机会，也是他推行"人格教育"的"一线"。在授课之外，经亨颐也同样重视活动中的"修身"。

经亨颐对教师的品格有极高的要求，认为教师是"育人"的工作，必须有"高尚之品性"。那些把教书当作工作、只为了混口饭吃的老师，完全是"误人子弟"，浙一师是不能容忍这样的老师存在的。

经亨颐的书法作品

浙一师曾经发生过一件事，经亨颐不断接到学生的投诉，抱怨有一位国文老师，讲课毫无条理，还经常写错别字。经亨颐跑到这位国文老师的课堂上听了一次课后，发现果真如此。后来一调查才发现，这位国文老师水平有限，是托了抚台大人的关系才进的浙一师，他毫不顾忌抚台大人的面子，把这位老师解雇了。

当时，浙一师要求每一位教师不仅要有学问，还要以身作则，要通过言传身教给学生潜移默化的影响。在关于浙一师的人格教育的事例中，有一件广为流传的事情，说的是学生宿舍里有人丢了东西，校警对此多次警告后，依旧无人自首。李叔同便责令校监夏丏尊先生"三日内无自首者即自杀以殉教育"。不久之后，果然有人前来自首。

潘天寿作品《鹰石》

这件事情的处理方式让潘天寿大为震惊，对学问与人格之间的关系有了深切的理解。

1919年11月16日，浙一师成立了校友自治会，把"学生自治"作为学校教育和管理的重要议题，把学生的"德智体美劳"作为考量学生的重要标准。经亨颐希望通过"内化"学生的自我管理而非外界的约束来管理和规范学生的行为。经亨颐还为校友自治会写了一首歌："不知人生，哪知自治？自然淘汰误至斯。禽兽草木无理性，山川风月无意志。教育为何治何为？理性意志各自制。"

在多年的教育生涯中，经亨颐看到，有的学生在学校表现良好，与人为善、克制理性，但是一走出校园就"人设崩塌"，原因就在于：在学校，学生受到校规、校律的种种约束，因而能够规范自己的行为。但这依靠的是"他律"，即外在的约束力量，如果一名学生没有"自治"的能力，不能从内在通过道德、自律来规范自我，一旦脱离了"他律"，就会失去约束力和控制力。

在经亨颐的带领下，浙一师凭借自由、民主的教育氛围在浙江省内声名鹊起，在五四运动时期，成为新文化运动在南方的中心，与北京大学遥相呼应。

在世界观、人生观的形成阶段，潘天寿刚好处在经亨颐创造的"人格教育"的氛围中，而与经亨颐因金石书画结缘，两人之间的接触超出一般师生的交往，经亨颐对他有着莫大的影响。

这也是为什么潘天寿与一般的艺术家相比，有着极为自律、内敛、稳定的性格。潘天寿的儿子潘公凯说，潘天寿不管在外面遇到什么不开心的事情，或者受了多少委屈，回到家里，从来不会向家人提起，也从不见他因为个人得失而愤愤不平。这都要得益于他在浙一师的五年里经亨颐的"人格教育"给他的熏陶。在"文革"期间，潘天寿蒙冤受辱，他担心的不是个人的命运和遭遇，而是国家和中国画事业的前途和发展。

潘天寿的人品、画品和他的艺术主张是高度统一的。他曾说，"画品即人品"，"画品不高，落墨无法"，这些艺术观的形成也都是经亨颐"人格教育"的体现。

第五节

秃头僧，乡间教员的烦恼

　　1920年，二十三岁的潘天寿从浙一师毕业。毕业前夕，他偶然认识了来杭州西湖写生的上海美术专科学校（以下简称"上海美专"）校长刘海粟。潘天寿拿着自己的画去白云庵拜访刘海粟。刘海粟夸他的画气魄很大，有一股野气，便邀请他毕业后去上海美专继续深造。所以刚毕业时，潘天寿本想去上海美专继续深造，但是当他拿到上海美专的招生简章一看，学杂费就要三四十元，书本费、伙食费、外出写生旅费还要另算，心里顿时凉了半截，他提都没有再提继续深造的事情，而是选择了回乡就业。

　　迫于生计，潘天寿选择回到了宁海正学高校教美术，成为一名乡村教员。在闭塞的乡村里，既没有艺术创作的环境

潘天寿作品《墨色水鸟》

和氛围，周围也没有可以与他谈论艺术的志同道合者，潘天寿的苦闷可想而知。何以解忧？唯有画画。

那时候潘天寿除了上课，基本上足不出户，埋头画画。他怕自己久不画画，专业就荒废了，于是，他给自己定了一个规矩：每天画完一刀纸。画完了就堆在屋子里的一个花缸里，由于画得很快，没过几天，画纸就堆满了花缸。

不久之后，他在浙一师的同学朱绍先、陈维愿等人邀请他到孝丰（现在的安吉，为湖州市下辖县）高小任教。孝丰是一座美丽的山城，苕溪沿着城南向东经湖州流入太湖，这里也是近代大画家吴昌硕的家乡。一来潘天寿对吴昌硕颇为敬仰，二来湖州这个地方有着十分悠久的书画历史文化，素有"中国书画史，半部在湖州"的说法，中国历史上很多著名的书法家，包括王羲之、颜真卿、米芾等，都曾在这里为官。这两大因素促成潘天寿来到了孝丰，在城南街王氏宗祠内王立三开办的私立王氏小学任教。

潘天寿教书十分认真，光是备课的笔记本就有一大摞。他的课讲得也很好，在学生中有不错的口碑，引得孝丰县立高等小学也慕名前来，邀请潘天寿去授课。在王氏小学校长的劝说下，潘天寿开始在县立高等小学兼职代课。

在潘天寿早期的作品中，有一幅款识为"一身烦恼中写此秃头"的《秃头僧图》，画中一位老僧静默地坐着，面前是袅袅升腾的香烟，画面十分简洁，寥寥几笔就把秃头僧的寂寥、内心的苦闷与忧愁勾勒出来。这幅作品是潘天寿二十六岁时创作的，也是他的作品中为数不多的人物画之一，就创作于他在孝丰教书的这段时间。画作中的款识"一身烦恼"，其意按照潘天寿的儿子潘公凯的解读，是那个年代知识分子的普遍的烦恼和困惑，也是潘天寿作为知识分子的底色，只有读懂了他的"烦恼"，才能够理解他这一生为何要尽自己最大的努力发展中国的现代美术教育。

潘天寿生活的年代，正值中国社会处在十分动荡、东西方文化思想碰撞的时期，在他幼年时，他目睹了教会和宁波当地百姓之间冲突不断，后来发生的"宁海教案"中，潘天寿不是一个旁观者，而是直接被裹挟到东西方的这场冲突中，他的父亲潘秉璋也差点因为此事受到牵连，他的母亲因为受到惊吓而过世，家庭变故让年仅七岁的潘天寿不得不去思考中西方文化之间的关系，也开始思考个人如何做才能让国家摆脱落后挨打的命运。

随着辛亥革命和五四运动的爆发，革命和救国成为社会的主流话题，当时

潘天寿作品《秃头僧》

很多文人都在以笔为武器，试图唤起民众的觉醒，让国家通过改革步入富强、民主、自由和平的社会。

然而，现实却是，军阀混战，社会动荡不安，这种局面让当时的知识分子觉得报国无门，内心有一种无法言说的积郁。在浙一师时，经亨颐、李叔同等人以身作则，为潘天寿这一代年轻人树立了榜样，让他们的个人品质与时代意识自然地统一起来，他们的艺术创作也与当时的社会环境牢牢地绑定在一起。潘天寿此时的忧虑，既有对个人未来命运的茫然，也有对国家命运的担忧。

潘天寿在孝丰执教期间，曾写过这样一首诗："一灯人倦月弯弯，帘影朦胧独闭关……"这首颇具禅意的诗，透出他内心隐隐的焦灼和积郁。一个人，一盏灯，一弯月，处于一间陋室中，一个超脱尘世的僧人形象跃然纸上，这也是那个时代像潘天寿这样的知识分子面对现实，救国无门的普遍心态。

在此期间，唯一让潘天寿感到欣慰的，是孝丰的山清水秀、风光秀美，是一个写生的好地方。加上当时他的经济条件已经大有改善，可以继续画画，于是他一有空就拿起画板到户外写生。在这个时期他创作了许多作品，《一帘花影

潘天寿作品《秀竹幽兰》

图》《松月图》《雪景八哥图》《长风白水图》等就是在这个时期创作的。这个时期他的作品很有个性，放荡不羁，透着野性，个人绘画风格已经初现端倪。潘天寿当时住在孝丰鹤鹿溪村，巧的是，他在杭州时认识的诸闻韵，老家正是在鹤鹿溪村。诸闻韵幼承家训，在书法和绘画上都有很深的造诣。潘天寿在鹤鹿溪村的时候，在诸闻韵、诸乐三和胡宗南三家分别住过一段时间。几个年轻人年纪相仿，兴趣爱好接近，经常相邀沿着鹤鹿溪涉水游玩，夏天的晚上经常一起下河摸鱼、抓黄鳝。潘天寿晚年回忆起这段时光，觉得这是他那个内心彷徨时期为数不多的快乐时光。

潘天寿到孝丰教书的时候，诸闻韵已经去了上海，他的弟弟诸乐三还在家中。诸闻韵回乡探亲时，也与潘天寿切磋艺事，两人交流很多。潘天寿发现，诸闻韵每次回来，书法绘画长进很快。原来诸家与吴昌硕还有一层特别的关系——吴昌硕的儿子吴东迈娶了诸氏兄弟母亲的表妹王微青，诸氏三兄弟是吴昌硕的表侄孙，因为这层关系，诸闻韵、诸乐三与吴昌硕关系十分亲密，后诸乐三拜师吴昌硕，成为他的入室弟子，兄弟两人在上海就住在吴昌硕家中。诸闻韵告诉潘天寿，自己经常得到吴昌硕的指点，所以进步显著。

那时候，潘天寿通过不断的户外写生、临摹画谱，已经有了很高的绘画造诣。诸闻韵那时经吴昌硕推荐，已经在上海美专任教，他很欣赏潘天寿的绘画才华，认为在孝丰这个地方埋没了潘天寿的才华，他常劝潘天寿不要窝在孝丰这个小地方，应该去上海闯一闯。他答应潘天寿，将他引荐给吴昌硕，这让本来有些犹豫不决的潘天寿下定了决心要去上海。当时他正在和同学沈遂真举办画展，便决定办完画展后，就动身前往上海。

1922年冬天，"潘天寿、沈遂真书画展"在孝丰一字楼举办，画展作品以沈遂真的书法和潘天寿的画作为主，同时也展出了诸闻韵、沙孟海的书法作品。沈遂真的书法精湛，笔力雄健，师承魏晋以下各家，正、草、隶、篆四体皆能，吴昌硕看了他的字后赞赏有加，赞誉他为"青年书法家"，后来人称"浙北第一

20世纪20年代的潘天寿

笔"。潘天寿展出的是他在孝丰期间创作的山水画，他的《长风白水图》作为重点排在第三幅，这幅画画的是孝丰的秋，秋风扫过之后，落叶四处飘零，树枝在劲风的肆虐下，也不得不弯下腰。林间潺潺的溪流，似乎也随着秋风顺势而去。潘天寿的内心藏着一股劲儿，落在画笔上，就赋予了孝丰的秋天以灵魂，让萧瑟的秋天也充满了激越之情。

这次联展在当地取得了不错的反响，当时担任《孝丰报》主编的胡宗南给予联展很高的评价，孝丰附近的很多县的书画界人士都慕名而来，参观后纷纷感叹"后生可畏"。

这些来自书画界同乡给予的鼓励和肯定，给了当时从来没有跨出浙江省的潘天寿莫大的勇气和信心，另一方面也让他认识到，要在绘画这条道路上走得更远，必须要离开孝丰，到大师云集的上海去才能有所突破。于是，办完这次画展后不久，潘天寿带着简单的行囊，前往上海。

第二章

崭露头角

ZHANLU TOUJIAO

到上海后,他第一次真正地进入到中国美术界的主阵地,接触到当时在美术界呼风唤雨的人物,直到这个时候,他才走进中国美术历史。

第一节

拜师吴昌硕

离开家乡来到上海,潘天寿完成了从一名乡村教员到在中国画坛有一席之地的知名画家的身份转变。潘天寿在上海的五年里,经历了许多大事——拜大家吴昌硕为师,进入上海美专当起大学教授,和诸闻韵一起设立了中国第一个中国画系,创办了上海新华艺专……他被迅速地裹挟到中国美术史的发展浪潮当中,并逐渐崭露头角。

从1923年到1928年的五年里,潘天寿的身份发生了很大的转变。到上海之前,他只是一个爱画之人,到上海后,他第一次真正地进入到中国美术界的主阵地,接触到当时在美术界呼风唤雨的人物,直到这个时候,他才走进中国美术历史。从此以后,在中国美术事业发展的很多关键时刻,他是参与者、推动者,甚至是主导者,至此,潘天寿的命运就与中国美术事业的前途绑在了一起,与中国美术事业的发展同呼吸共命运。

1923年11月上旬的一天,身着一身长褂的潘天寿来到上海闸北北山西路吉庆里九百二十三号吴昌硕的家门口,他腋下还夹着一个印花蓝布包袱,里面是他自己创作的十七八件作品。他在门前犹豫了片刻,鼓起勇气敲响了吴昌硕家的大门。

当天诸闻韵有事外出,应门的是老友诸乐三。诸乐三去通报了之后,引着潘天寿上了二楼,见到了吴昌硕。彼时的吴昌硕已经八十高龄,他在画坛的声望也达到了人生的巅峰,而潘天寿看到的,是一个容貌清瘦,但精力依然很充沛、十分亲和的老人。

人进入暮年,就容易对故乡的人和事尤其在意,吴昌硕在晚年时对家乡孝丰表现出很大的依恋,所以当诸乐三把潘天寿这个来自家乡的青年介绍给他时,吴昌硕对潘天寿充满了好感,完全没有大画家的架子。这让本来心里忐忑不安的潘天寿放松了下来。他打开包袱,从里面一件件地拿出自己的作品,请吴昌硕指点。

吴昌硕对潘天寿一一递上来的作品仔细地品鉴,不时地给予赞美,对潘天寿说:"你画得好,落笔不凡,格调不低,有自己的面目。"

吴昌硕

后来,潘天寿从包袱里取出一幅约五尺对开的指墨山水画横幅给吴昌硕,吴昌硕打开一看,顿时眼前一亮。这幅画就是《长风白水图》,画的正是吴昌硕熟悉的老家孝丰的山山水水,而家乡的山水此刻在潘天寿的笔墨下有了一种雄浑的气势,吴昌硕激动地将诸乐三叫过来,给两个人讲解自己的看法。潘天寿看得出，吴昌硕对这幅作品还是颇为满意的。向来平易近人的吴昌硕，直接以"阿寿"称呼眼前的这个年轻人，一下子拉近了两个人之间的距离。过了几天，吴昌硕又差人给潘天寿送来一副篆书对联，上联为"天惊地怪见落笔"，下联为"巷语街谈总入诗"，"天惊地怪"是对潘天寿才气的肯定和称赞。

这幅作为吴昌硕与潘天寿师生情缘起点的《长风白水图》，在1927年吴昌硕去世后就不知所终了，它再次出现在潘天寿眼前，已经是四十年后。

20世纪60年代，一位孝丰老乡带着一幅画去拜访已经是浙江美院教授的诸乐三，请他鉴定真伪。诸乐三打开一看，正是当年潘天寿送给吴昌硕的《长风白水图》。作为吴昌硕和潘天寿第一次见面的见证人，诸乐三对这幅画记忆犹新。他高兴之余拿着画去找潘天寿，潘天寿更是喜出望外，没想到四十年前送给老师的作品，在消失了这么久之后，又出现在眼前。他当即表示愿意用自己的两幅画换回这幅《长风白水图》，实在不行，三幅、四幅换一幅都可以。结果诸乐三说："画主不愿意交换，他要自己收藏。"

多年前的得意之作，就这样与自己"擦肩而过"，潘天寿心里有着深深的遗憾。但正所谓"塞翁失马焉知非福"，不久之后爆发的"文革"中，红卫兵抄了潘天寿的家，他收藏的作品被洗劫一空，如果当初他换回了这幅《长风白水图》，恐怕这幅画也不能在这场浩劫中幸免。

潘天寿在回忆他与恩师的这段情谊时说过，"昌硕先生看古今人的诗文书画等等，往往不加评语；看普通晚辈的诗文书画，只说好，也往往不加评语；这是他平常的态度。他送我的这副篆书集联，自然是奖励后进的一种办法。但是这种奖励的办法，是昌硕先生平时所不常用的"。

这次会面之后，潘天寿顺理成章地成了吴昌硕的弟子，常常出入吴昌硕家，与他成了忘年交。一直以来，潘天寿并没有一位专门的绘画老师，他画画基本上靠自学，吴昌硕成了他第一位真正意义上的绘画老师。

吴昌硕非常赏识这个话不多但又颇有才华的年轻人，两个人经常在一起谈论诗画。两个年龄相差几十岁、成长背景完全不同的人，竟丝毫没有语言、观念上的障碍，聊起诗词书画来十分投机。在潘天寿看来，吴昌硕既是一代艺术大师，又是一位长者，自己自然应表现出晚辈的谦恭，但吴昌硕在他面前从不以长者自居，和潘天寿像是朋友一般平等交流，潘天寿也能畅所欲言，自由地发表自己对书法绘画的见解，并且在这种交流中受益匪浅。

吴昌硕十分欣赏潘天寿，曾经惊叹他"年仅弱冠才斗量"。吴昌硕是懂潘天寿的，他看到了潘天寿温和的外表下内心的刚强、耿直，也为他强烈的个性和气魄所折服，却又担心他个性过强、太野，容易误入歧途。

潘公凯谈起父亲时这样说："他就是内心非常有力量，这个东西他压抑不住，所以他的老师对他基本上都是想办法去约束。"

从孝丰到上海之后，潘天寿的人生际遇发生了很大的变化。他既得到了泰斗吴昌硕的认可，又在上海美专谋得国画教授的职务，从一个乡间教员变身为大学教授，这个转变给了他很大的自信，当时的

潘天寿作品《荷塘》

潘天寿作品《八哥崖石》

潘天寿作品《春风吹放玉兰花》

潘天寿作品《雁荡花石》

　　潘天寿还不到三十岁,难免有些飘飘然,认为自己已经能够自成一格。在创作上,就表现为忽视传统、急于想形成自己的个人风格。

　　有一段时间,潘天寿觉得自己在艺术上有了很大的突破,便带了一张自己颇为得意的山水作品《雁荡山水》去拜访吴昌硕。和往常一样,吴昌硕看了他的画之后,并没有给予太多的评价。第二天,潘天寿收到吴昌硕托人送来的一首诗,其中有两句这样写道:"只恐荆棘丛中行太速,一跌须防堕深谷。"言外之意是潘天寿求成心切,唯恐他急于求成反而误入歧途。

　　向来对他赞赏有加的吴昌硕突然当头给他泼了一盆冷水,这让潘天寿有些失落,但再细细琢磨,体会到了老师的良苦用心和警示,他明白只有真正地扎根于中国文化的精髓,才能从中发挥出自己的个性。

　　于是,他静下心来,潜心向吴昌硕学习。吴昌硕对这个天赋颇高的学生还是很偏爱的,有时画了一幅自己颇为满意的画,就会差人给潘天寿送去,而潘天寿就把恩师的画挂在家里,天天观摩,从笔墨、构图和意境各个方面细细揣摩,从中领会吴派风格的精髓。

　　不久之后,他又陷入了苦恼。因为他发现,自己的画虽领会到了恩师的精髓,但却脱不了恩师的影子,失去了自己的个性,觉得自己只是吴昌硕的一个

潘天寿作品《设色兰竹》

翻版。

　　他对此颇为苦恼，却不知道该如何突破这个瓶颈。刚好那段时间他正在编纂《中国绘画史》，他干脆放下画笔，一门心思投入到这本书的编写中。

　　历时两年的编纂工作，对于潘天寿来说，是一次系统的梳理、总结，也是对他绘画思想的一次精神洗礼，给他带来脱胎换骨的改变。在这之后，他的绘画呈现出一派新的风格，老师吴昌硕看了他这个时期的作品后十分欣喜，当着众多学生的面这样夸赞自己的这个得意门生："阿寿学我最像，跳开去又离开我最远，大器也。"

潘天寿师从吴昌硕最大的收获，是确立了以民族特色为追求的方向，在他后来的教学实践中，他着重向学生强调的一点，就是深研传统，在中国传统文化中找到中国画的根基。

潘天寿晚年曾感慨道："我年轻的时候，便很喜欢国画，但每自以为天分不差，常常凭着不拘束的性情和个人的兴趣出发，横涂直抹，如野马奔驰，不受缰勒，对于古人的'重功夫、严法则'的主张，特别加以轻视，这自然是一大缺点。昌硕先生知道我的缺点，便在这幅山水画上明确地予以指出……他深深地为我的绘画'行不由径'而发愁。"

潘天寿在晚年谈论起二人之间的情谊时说："深情古谊，淡而弥厚，清而弥永。"在潘天寿的艺术生涯中，吴昌硕就是那个引路人，他指引着潘天寿向内寻找绘画的根基，把他性格中"霸悍"的特质向内引导，最终形成潘天寿特有的"一味强悍"的绘画风格，当"野性"和"霸悍"有了内在文化作为根基，才能形成独属于他自己的强烈的个人风格。

潘天寿作品《梅》

第二节
生死之交吴茀之

在拜访吴昌硕之前,潘天寿已经在上海待了一段时间。初到上海时,潘天寿经诸闻韵介绍,在上海民国女子工艺学校教授绘画,以此来维持生计。后来暑期的时候,他又寻了一个在上海美专兼职代课的工作。上海美专校长刘海粟无意中看到潘天寿的作品,惊讶于几年前在西子湖畔遇见的那个师范学生,现在的国画水平有了明显长进,于是他聘请潘天寿到上海美专任教,担任国画课教授。用刘海粟的话来说,这"一方面因为他画画很好,一方面他是师范出身,能讲课,有的国画家能画不能讲,所以我就请他来教国画"。

潘天寿没有想到,第一堂课,上海美专的学生就给了他一个"下马威"。当时上海美专十分民主,学生与老师之间很

上海美术专科学校中国画系课堂教学场景

平等，老师可以评判学生，学生也可以给老师打分。美专学生对水平欠佳的老师向来不客气，水平不好的会被直接轰走。所以当他们听说新来了一位国画老师后，便出了一个"点子"，考一考这位老师的水平，其中带头的是一名叫吴茀之的学生。

当潘天寿走进教室的时候，看到一字排开的笔墨纸砚，还没有反应过来，就见一名学生拿着一支毛笔，笑嘻嘻地请"潘先生"露一手。潘天寿一下子明白过来，学生这是要考他呢。他撸起袖子，提笔就画，梅兰竹菊在他笔下一气呵成，学生们看得惊叹不已。

这次"交手"让吴茀之对潘天寿佩服得五体投地，他开始毕恭毕敬地称呼潘天寿为"潘先生"，直到后来吴茀之与潘天寿成为同事以后，也一直保持着这个称呼，以示尊敬。

吴茀之是浙江浦江县人，比潘天寿仅小三岁。浦江是书画之乡，吴茀之出身于书香门第，父亲原先也是个秀才，精通书画，舅舅黄尚庆是金华府远近闻名的书画家，从小耳濡目染，使吴茀之非常喜欢画画，对着《芥子园画谱》开始临摹，由于悟性很高，很快就画得有模有样。

不过，父母并不希望他从事绘画工作，倒是希望他能读个邮政学校。但吴茀之不仅喜欢画画，还考上了上海美专的中国画系。初到上海美专的时候，吴茀之师从国画老师许醉侯。许醉侯看出吴茀之的绘画天分，又将其引荐给吴昌硕和王一亭两位大师。吴茀之对当时声望如日中天的吴昌硕十分敬仰，很快就拜在他的门下，走海派大写意风格。吴茀之诗、书、画水平皆属上乘，因此被赠予"吴三绝"的雅称。

潘天寿与吴茀之相识时，一个二十六岁，一个二十三岁，两人既为师生关系，又同拜在吴昌硕门下，潘天寿和吴茀之亦师亦友的关系，让他们走得很近。说来也很奇怪，潘天寿和吴茀之两个人的性格、爱好十分迥异。比如潘天寿钟情于雄壮巍峨的雁荡山，喜欢雁荡山嶙峋的石头，吴茀之喜欢的却是一些小花小草、虫鱼鸟兽这些"小情趣"；潘天寿绘画讲求"一味霸悍"，注重骨气；吴茀之的绘画在恣纵的笔墨中力求天趣。

但即便两个人在艺术上存在如此大的差异，也没有成为他们沟通交流的障碍，两人相互切磋，相携相聚，成为一辈子的好友。在后来几十年的人生中，惺惺相惜，在逆境中互相扶持，走过一生。

在朱颖人的印象中，老师吴茀之是一个有点大大咧咧、拖拖拉拉的人，他性子慢，做事总是慢吞吞的，不急不躁。相对来说，潘天寿就很守时。

有一次浙江美院组织师生去上海博物馆参观古代书画展览。上午九点的火

潘天寿作品《山花秃鹫》

潘天寿作品《梅竹》

车，八点半朱颖人到吴茀之家，只见他还在不紧不慢地准备。朱颖人提醒他火车九点就开走了，吴茀之说，开走了就坐下一趟。朱颖人又告诉他，潘天寿已经在楼下的车里等他了，吴茀之这才加快脚步，匆忙冲到楼下。

他们之间还有一种令人羡慕的默契。通常，吴茀之作画的时候，喜欢一声不响闷头作画。这时候潘天寿站在一旁就负责给围观的学生讲画。

潘天寿的画作不同于吴茀之，他的画作"有自己的面貌"，吴茀之受吴昌硕影响较深，尤其是他的书法，行书结字左低右高，用笔凝练有篆书笔意。经亨颐就曾经批评吴茀之的画"昌气太重"，意思是他模仿吴昌硕的痕迹太明显，没有自己的个人风格和特点。

吴茀之向潘天寿求教。潘天寿帮他分析说："历代出人头地的画家，莫不在继承的基础上有革新，如果只有继承而不革新，事物就不发展了。"潘天寿还把自己十分欣赏的石涛的"一画论"推荐给吴茀之，启发他在博采众长的基础上融会贯通，最终形成自己的风格和面貌。

潘天寿作品《梅兰》

1932年，潘天寿（左三）与诸闻韵、诸乐三、张书旂、吴茀之等合影于西泠印社

两个人相识相知几十年，虽然因为工作的原因身处异地，但总会找机会在一起相聚。潘天寿后来去国立杭州艺专任教，到上海兼课时就住在吴茀之家中，吴茀之也经常跑到杭州去看望潘天寿。每次两个人聚在一起，总是有讲不完的话，连潘天寿的夫人何愔都十分羡慕。

抗战时期，潘天寿随着国立艺专一路南迁躲避战火，吴茀之得到消息后，曾写下一首诗："写幅盆兰且自题，可能载得到湘西。对话难着同心语，流水空山属马蹄。"以此来怀念远在湘西沅陵的老友，与潘天寿隔空对话。

不久，当得知潘天寿已经随着国立艺专辗转到了昆明之后，吴茀之禁不住老友的再三邀请，也动身去了昆明，两个人一个担任校长、一个担任国画系主任，战乱时代的这对"黄金搭档"开创了中国画教育的新局面。

国立艺专迁回杭州后，吴茀之和潘天寿住在同一栋楼里，交流起来更方便，两个人的关系也更近了。当时在浙江美院流传着这样一首打油诗："潘老吴老，两者要好；亦师亦友，何人不晓。"

潘、吴两人之间的深厚情谊，一方面是因两人志趣相投，作为那个年代的

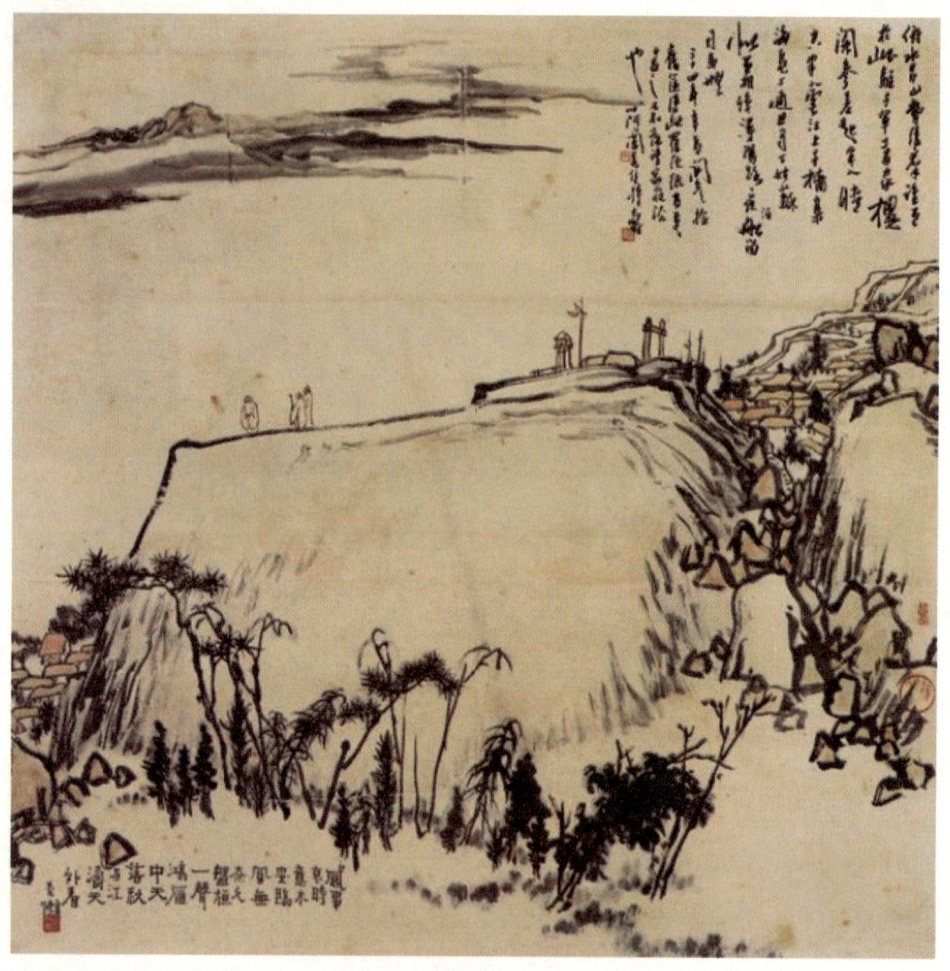

潘天寿作品《浅绛山水》

文人，他们都坚持"画品如人品"，见画如见人；另一方面，把他们一辈子联系在一起的，还有恩师吴昌硕。吴茀之的外孙张向丁说，潘天寿、吴茀之二人同为吴昌硕的入室弟子，几十年同舟共济，是希望能够将恩师的遗志传承下去。1945年，国立艺专迁回杭州后，潘天寿和吴茀之曾相约一起到吴昌硕的墓前，缅怀恩师。

2015年，浙江美术馆举办吴茀之艺术文献展，展出了大量吴茀之与潘天寿交往中留下的物件，例如1972年吴茀之在潘天寿去世后写的《论潘天寿稿》，还有两人之间的来往信函。其中有一封信是吴茀之与家人去莫干山避暑，心里记挂着潘天寿，写信邀请他同去莫干山，他在信中说："今暑杭州实在太热，如交通方便，我有此想。今天我已将画桌等略为布置一下，有时很想到外面去跑跑，但一个人总觉兴趣不大，很望您大画完成后，能早日同师母来山上共度暑期为快！畅叙匪遥！"

潘天寿去世后，吴茀之四处奔走，想为潘天寿找一块理想的墓地，好让他能够入土为安。他告诉师母何愔，要找一块前面宽敞一点的地儿，好让潘先生透透气。最后在西湖和钱塘江之间的玉皇山麓找到一块墓地，这里湖水环山，视野开阔，山灵水秀。按照吴茀之和潘天寿两人的约定，吴茀之本来想在自己百年之后，与老师合葬于此，但因为种种原因未能如愿。潘天寿去世六年后，吴茀之也因为终日郁郁而患上癌症，撒手人寰，被家人安葬在一个偏僻的小山坡上。

第三节

中国第一个中国画系的创立

创立于1912年的上海美术专科学校（以下简称"上海美专"），在创立之初，为了迎合当时西画盛行的潮流，教学主要以西画为主。当时学校仅设有绘画一科，专攻西洋画，后又改为西洋画科，后来逐渐增加了中国画课程，但仍是一所以西画为主的艺术院校。

在西方文化盛行的年代，校长刘海粟也开始考虑如何立足本土文化，发展本土的中国画教育。

刘海粟身处新文化运动的热潮中，他敏锐地意识到，发展本土艺术已经迫在眉睫。尤其是1919年刘海粟赴日考察，深深地被日本美术的发展所震撼，进而又反思起来："东方无固有艺术的日本竟超越了中国，这是中华民族的耻辱。"

1932年，潘天寿（左三）与诸闻韵、诸乐三、张书旂、吴茀之等合影于西泠印社

两个人相识相知几十年，虽然因为工作的原因身处异地，但总会找机会在一起相聚。潘天寿后来去国立杭州艺专任教，到上海兼课时就住在吴茀之家中，吴茀之也经常跑到杭州去看望潘天寿。每次两个人聚在一起，总是有讲不完的话，连潘天寿的夫人何愔都十分羡慕。

抗战时期，潘天寿随着国立艺专一路南迁躲避战火，吴茀之得到消息后，曾写下一首诗："写幅盆兰且自题，可能载得到湘西。对话难着同心语，流水空山属马蹄。"以此来怀念远在湘西沅陵的老友，与潘天寿隔空对话。

不久，当得知潘天寿已经随着国立艺专辗转到了昆明之后，吴茀之禁不住老友的再三邀请，也动身去了昆明，两个人一个担任校长、一个担任国画系主任，战乱时代的这对"黄金搭档"开创了中国画教育的新局面。

国立艺专迁回杭州后，吴茀之和潘天寿住在同一栋楼里，交流起来更方便，两个人的关系也更近了。当时在浙江美院流传着这样一首打油诗："潘老吴老，两者要好；亦师亦友，何人不晓。"

潘、吴两人之间的深厚情谊，一方面是因两人志趣相投，作为那个年代的

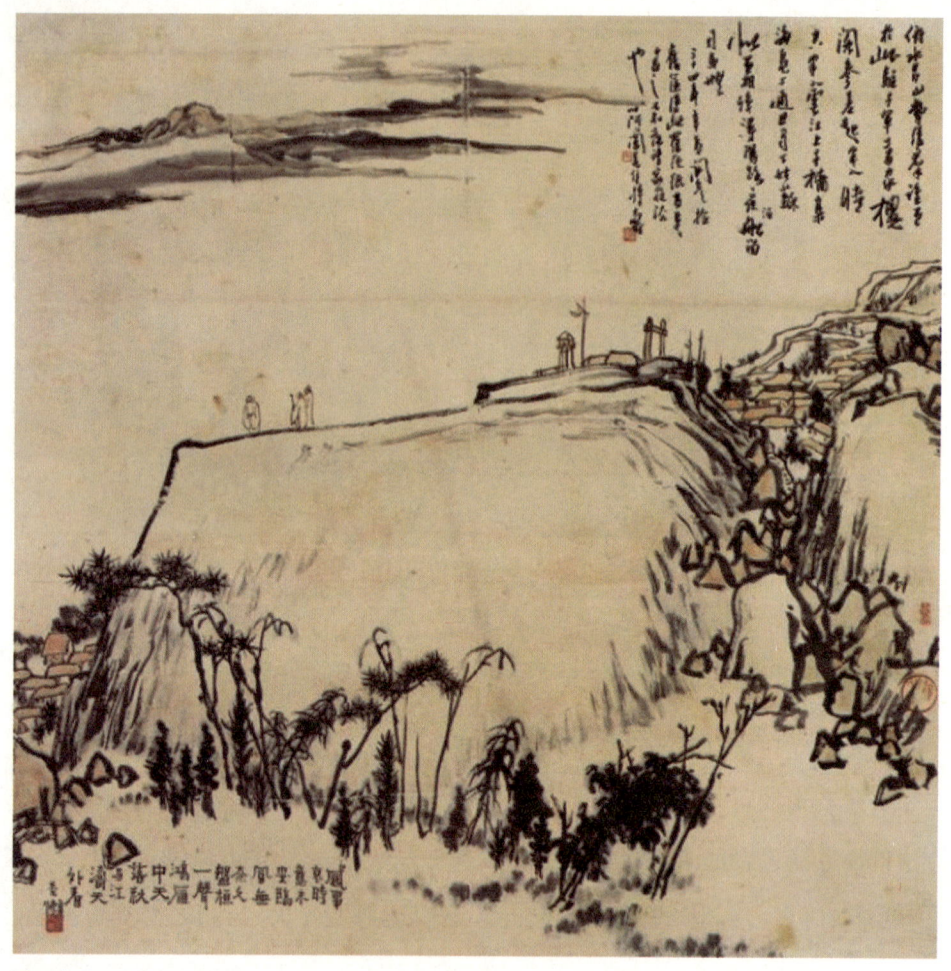

潘天寿作品《浅绛山水》

文人，他们都坚持"画品如人品"，见画如见人；另一方面，把他们一辈子联系在一起的，还有恩师吴昌硕。吴茀之的外孙张向丁说，潘天寿、吴茀之二人同为吴昌硕的入室弟子，几十年同舟共济，是希望能够将恩师的遗志传承下去。1945年，国立艺专迁回杭州后，潘天寿和吴茀之曾相约一起到吴昌硕的墓前，缅怀恩师。

2015年，浙江美术馆举办吴茀之艺术文献展，展出了大量吴茀之与潘天寿交往中留下的物件，例如1972年吴茀之在潘天寿去世后写的《论潘天寿稿》，还有两人之间的来往信函。其中有一封信是吴茀之与家人去莫干山避暑，心里记挂着潘天寿，写信邀请他同去莫干山，他在信中说："今暑杭州实在太热，如交通方便，我有此想。今天我已将画桌等略为布置一下，有时很想到外面去跑跑，但一个人总觉兴趣不大，很望您大画完成后，能早日同师母来山上共度暑期为快！畅叙匪遥！"

潘天寿去世后，吴茀之四处奔走，想为潘天寿找一块理想的墓地，好让他能够入土为安。他告诉师母何愔，要找一块前面宽敞一点的地儿，好让潘先生透透气。最后在西湖和钱塘江之间的玉皇山麓找到一块墓地，这里湖水环山，视野开阔，山灵水秀。按照吴茀之和潘天寿两人的约定，吴茀之本来想在自己百年之后，与老师合葬于此，但因为种种原因未能如愿。潘天寿去世六年后，吴茀之也因为终日郁郁而患上癌症，撒手人寰，被家人安葬在一个偏僻的小山坡上。

第三节

中国第一个中国画系的创立

创立于1912年的上海美术专科学校（以下简称"上海美专"），在创立之初，为了迎合当时西画盛行的潮流，教学主要以西画为主。当时学校仅设有绘画一科，专攻西洋画，后又改为西洋画科，后来逐渐增加了中国画课程，但仍是一所以西画为主的艺术院校。

在西方文化盛行的年代，校长刘海粟也开始考虑如何立足本土文化，发展本土的中国画教育。

刘海粟身处新文化运动的热潮中，他敏锐地意识到，发展本土艺术已经迫在眉睫。尤其是1919年刘海粟赴日考察，深深地被日本美术的发展所震撼，进而又反思起来："东方无固有艺术的日本竟超越了中国，这是中华民族的耻辱。"

刘海粟在《日本之帝国美术展览会》一文中写道:"近来上海一隅,为洋画产生最早之区,然一般研究洋画者,皆摹仿成性,而失其自然之能力,苟得西洋印刷画之一纸零片,以为无上宝贵,遂改头换面,为个人极佳之材料,而久假不归,甚或以一树一石,移诸已作之画幅中,即以为难得之画题。所绘销魂的时装美女画,则取媚社会。"

1918年,刘海粟在上海美专留影

显然,校长刘海粟也意识到了,美术商业化以后,失去了滋养民族精神的能力,长此以往,中国画将失去自己的文化精髓。经过一番思考,刘海粟决心调整上海美专的发展方向,将上海美专与商业美术划清界限,把发展中国固有的中国画艺术作为上海美专的办学宗旨。1920年,上海美专再次对课程专业做了调整,设西洋画、中国画、雕塑科,这是中国画作为本土艺术第一次以一门学科被列入了美术学校的教程。

谁来主持中国画的教学?刘海粟的第一人选是吴昌硕,无论是在艺术界的声望还是艺术造诣,吴昌硕都是中国画教学工作的不二人选。只可惜吴昌硕当时年事已高,精力不济,他便把自己的入室弟子诸闻韵推荐给刘海粟。

诸闻韵一直跟着吴昌硕学画,深得吴昌硕的信任。在刘海粟的邀请下,1920年,诸闻韵出任上海美专函授部教师,教中国画,同时担任艺术教育系主任。在诸闻韵的主持下,上海美专中国画系进入筹备阶段。

1922年冬天,诸闻韵前往日本考察美术教育,在借鉴了日本美术教育成功经验的基础上,他回国后向刘海粟提出增设中国画系的设想。差不多在同一时期,潘天寿加入上海美专,从事中国画的教学和理论研究。

在刘海粟校长的支持下,诸闻韵与潘天寿等人共同在上海美专创立我国第一个中国画系,并任系主任。1923年9月《申报》刊发消息称:"上海美专师范开办国画科一班,聘请诸闻韵为主任,许醉侯、潘天寿为教师,王一亭为导师。"

1924年,上海美专中国画系正式建制,诸闻韵、许祖荫、钱瘦铁、郑曼青等历任中国画系主任。在1925年的《上海美专学校章程》中可以看到,中国画系已经被排在了第一位。

上海美专国画系首期招收学生二十名,开设的课程有伦理学、透视学、色彩学、哲学、美学、美术史、金石学、书学、国文、图案、外国文、西洋画等,理论与实践并重,但是,中国画的独特地位并没有凸显出来,学生在学习国画的同时兼学西洋画。

诸闻韵向刘海粟提出,中国画教学必须要建立自己的一整套教学体系,他提出全面培养学生"诗书画印"的技能,后来上海美专国画系设置了画史、画论、诗歌题跋、书法、篆刻、临摹、技法、创作等课程,诸闻韵担任多门课程的教师。

1929年,上海美专国画系开始分为山水、花鸟两科,并聘请了黄宾虹、商笙伯等名家负责理论教学工作,进一步扩展了中国画教学的深度和广度。

从上海美专中国画系的专业和课程设置可以看出,中国画中诗、书、画、印同源的思想在教学中得到了体现。学校开设的书法、篆刻、诗歌题跋等课程,都是服务于中国画的,均为中国画的基础课程,体现了书画同源的中国画思想。

潘天寿可谓是上海美专中国画系的元老之一,他也一直在思索中国画艺术和教育的发展方向。也是在同一时期,他以自己的方式探索着中国画艺术和教育的发展。他后来关于中国画教育的思想体系,可以追溯到在上海美专和诸闻韵一起筹备、创建中国画系这段经历。

上海美专中国画系成立后,潘天寿等教师发现,市面上找不到系统的教材可供教学之用,唯一能找到的一本教材,还是日本人中村不折编写的《中国绘画史》。潘天寿便亲自动笔,从零到一,从无到有,他梳理了中西绘画的演变发展方史，深刻地理解了中国文化、历史、宗教乃至园林对于中国绘画艺术的影响，认识到中国绘画是民族文化的一个载体。后来他还专门撰文《佛教与中国绘画》一文，讲述佛教对中国绘画的影响。

在《中国绘画史》的写作中，通过对中西文化的比较，潘天寿逐渐认识到，中西绘画之间可以通过接触而互相增益，但不能丧失其独立性，形成和强化了"中西拉开差距"的观念，并在后来的国画教育中，"一味强悍"地坚持国画的独立地位。

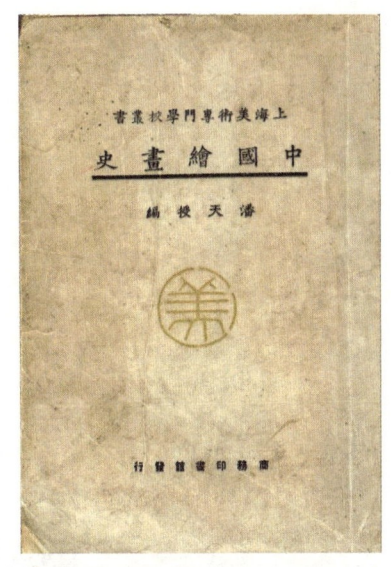

1926年，潘天寿编著的《中国绘画史》

这本《中国绘画史》完成于1926年，全书八万多字，一共有三十四幅图片，由商务印书馆出版，这本书一经出版，就在艺术界产生很大的影响，1936年《中国绘画史》经修订、补充后再版，被列入"大学丛书"，成为中国绘画史的经典之作。1981年，潘天寿去世之后，上海人民美术出版社又再版了该书。

史岩在《潘天寿在史论方面的贡献》中评论道："如果说滕固是中国美术史研究的首创者，那么陈（陈师曾）、潘（潘天寿）二人当是绘画专史研究上并驾齐驱的先驱者。他们的著作都对后来的美术史研究起到了一定的推动作用。"

《中国绘画史》创作的背景，是中国画在五四运动之后开始衰落，许多人把矛头对准了传统深厚的"文人画"，文化界对于中国画的发展也展开了深入的讨论，并且形成了三派：一派是以陈独秀为代表的"革命派"，该派主张对中国画进行改革，"若想把中国画改良，首先要革王画的命"；第二种是以徐悲鸿、林风眠为代表的"中西融合"派，他们主张融合中西方绘画技巧和观念，各取所长融合在一起，形成新的艺术；第三派以黄宾虹、陈师曾、潘天寿等为代表，他们充分肯定了中国画的价值和地位，反对以西画的标准来衡量中国画。

潘天寿作品《独揽春风》

在这个背景下,《中国绘画史》的问世,其中提出的观点,对于中国传统文化价值的捍卫有着不可替代的重要历史意义。

潘天寿在该书中提出了一个很重要的观点——以"拉开距离"独立高标中国民族绘画的"特色论",为民族艺术事业的发展策略寻找理论与实践的坚实基础,这可以被视作是潘天寿中国画艺术的出发点。

在《中国绘画史》中,潘天寿用画史、画论相结合的方法,对美术界一直以来争论的问题给出了自己的观点,并做了详尽的阐述。

潘天寿在文中追溯历史,谈到西域美术品从秦始皇统一天下后开始进入中原,中西文化第一次产生了接触和交融,但在这个过程中,中国传统艺术并没有因为西方美术思想而被瓦解,相反,是因为吸收了西方文化艺术的营养而更有生命力。"艺术每因异种族的接触而得益,而发挥

1929年4月,潘天寿(右二)与钱君匋(右一)等人在杭州西泠桥上

增进,却没有艺术灭艺术的事"(《中国绘画史》),原因就在于中国传统艺术有自己的根基,具有强大的生命力。

在文中,他从地域特征入手,比较了南北绘画差异。由于南北气候、地貌和自然风光等诸多不同,南方和北方在绘画上也呈现出不同的面貌,南方绘画"风流蕴藉",北方绘画则"偏于雄大放肆"。由此看出,不同地域的绘画有不同的文化、地域根基,南北方尚且如此,更何况是中西方之间,文化、宗教、地域等有如此大的差距,中西绘画更应该"拉开距离"。

1936年,潘天寿在《域外绘画流入中土考略》中进一步指出:"原来东方绘画之基础,在哲理;西方绘画之基础,在科学。根本处相反之方向,而各有其极则。"东西方绘画是从两片完全不同的土壤中长出来的大树,不当的融合只会引发"水土不服"。

第四节
创办上海新华艺专

1926年,上海美专因为"裸模"事件在社会上闹得沸沸扬扬,校长刘海粟与当局的关系剑拔弩张,在舆论压力之下,学校的招生受到影响,面临着很大的经济压力,学校逐渐陷入困境。在长达半年的时间里,学校的老师都领不到薪水。老师们既无课可上,又没有薪水可领,便有了另起炉灶的想法。一些想继续求学的学生也向老师们建议,不如办一所新学校。

现成的老师和学生,办学就是水到渠成的事情。于是,1926年冬天,原来上海美专的一批骨干教师,包括俞寄凡、潘天寿、诸闻韵、陈为章、潘伯英、刘质平等,在现在的上海瑞金二路南端找到一处房子,在这里创办了上海新华艺术

上海新华艺专旧影

专科学校（以下简称"上海新华艺专"）。这年12月18日，上海新华艺专宣告正式成立，1927年春开始招生，设有国画、音乐、艺术、体育四个系。由俞寄凡主持学校工作，潘天寿担任艺术系主任，诸闻韵为国画系主任。

1927年，画家吴大羽在欧洲游学五年后回国，到上海新华艺专任教，与潘天寿成为同事。后来，林风眠在杭州成立国立杭州艺专，想找一位国画老师的时候，吴大羽向林风眠推荐了潘天寿，促成了潘天寿到国立杭州艺专任教。

中国艺术研究院美术研究所研究员杭春晓曾经这样评价潘天寿人生道路上的几次重大转变："从上海折返杭州，构建了潘天寿第二次身份的逆袭。这次的逆袭，他的因果也埋于19世纪20年代，潘天寿杭州交游生长出来的。他结识诸闻韵，因诸闻韵而获得上海交游的关联性，而在上海的交游关联性，产生一种自我的生产，并因为这种生产获得了第二次重要的转折机会，这个机会就是到杭州，认识林风眠。林风眠为何选择潘天寿？显然是因为得力助手吴大羽的推荐，背后起到了很大的作用。"

从时间上来看，潘天寿在上海新华艺专成立第二年就离开上海去国立杭州艺专，但是他参与创建的这所学校，在之后几十年的发展中，在汪亚尘等人

潘天寿作品《晴霞》

的带领下,成为培养中国艺术人才的重要基地。

1931年,新华艺专邀请原上海美专教授汪亚尘来主持艺专的工作,汪亚尘欣然应允,并推荐德高望重的徐朗西出任校长,并筹建成立了校董事会。1932年新成立的校董事会名单上,于右任、蒋百里、徐朗西、王天木、范争波、史量才、郑午昌等人在列,在随后的几年里,在校董们的多方奔走之下,新华艺专在江湾水电路新建了校舍,陆陆续续地建起图书馆、工艺教室和研究室等,学校建制逐渐发展完善起来,于1933年获教育部批准正式立案。

新华艺专汇集了当时艺术界的一大批名家,如黄宾虹、应野平、弘一法师、倪贻德、诸乐三、陈抱一、姜丹书等,潘天寿后来也在这里兼职授课。

在新华艺专几十年的历史中,从这里走出了一批又一批优秀的学生,很多人后来都成为中国美术界有影响力的人物,比如版画家陈

潘天寿作品《江洲夜泊》

潘天寿作品《鸟石》

烟桥，漫画家沈同衡等。

抗战爆发后，新华艺专几经磨难，位于斜徐路的校舍被日军全部烧毁，学校迁至法租界薛华立路薛华坊。太平洋战争爆发后，日军侵入租界，由于学校不愿配合日军，屈从他们的管辖，薛华坊临时学校不得不停课。

1953年，经过新华艺专校董和校务委员的商讨，决定把新华艺专残存的校产捐给中央美术学院华东分院。几年后，潘天寿出任该校校长。

第三章

杭州艺专十年

HANGZHOU YIZHUAN SHINIAN

中国画被边缘化的命运，激发起潘天寿振兴中国画的使命感，他在夹缝中为中国画摇旗呐喊，他组建白社开展中国画的研究和宣传，让中国画在一片"改良"声中，发出自己的声音

第一节
改良国画

1928年潘天寿重回杭州,成为国立杭州艺专受人尊敬的大学教授,有着丰厚的收入带来的体面生活,在这一时期,他还遇到了此后相伴一生的夫人何愔。

从1928年到1937年抗日战争爆发前,在国立杭州艺专的十年间,是潘天寿人生中最为稳定的时期。安定的教学、创作,潜心中国画研究,让他的绘画日臻完善。

但在平静生活的背后,暗流涌动。"改良中国画"的时代呼声,让潘天寿在国立杭州艺专的待遇如同他钟爱一生的中国画一样,被时代、学校和学生边缘化了。中国画被边缘化的命运,激发起潘天寿振兴中国画的使命感,他在夹缝中为中国画摇旗呐喊,他组建白社开展中国画的研究和宣传,让中国画在一片"改良"声中,发出自己的声音。

在国立杭州艺专的这十年里,潘天寿与校长林风眠就中西画是"分"还是"合"的争论,成为中国绘画界一次著名的交锋。

1927年,刚刚辞去国立北京艺术专门学校校长一职的林风眠,收到当时在南京主持"中华民国大学院"工作的蔡元培的邀请,前往南京担任全国艺术教育委员会主任委员。林风眠与蔡元培1924年相识于法国,当年在法国举办的"中国古代与现代美术展览会"上,林风眠的参展作品《摸索》让蔡元培印象深刻,两人就此相识,并开始了一段忘年之交。

在南京,林风眠向蔡元培建议,在长江以南建一所艺术最高学府,一向对美育十分重视的蔡元培接受了林风眠的建议,并委托林风眠负责新学校的筹建工作。

经过多方选址,最终蔡元培把校址定在了杭州西湖孤山旁的哈同花园,这里风景优美,紧邻西子湖畔,站在楼上,西湖的湖光山色尽收眼底。哈同花园曾是英国籍犹太裔房地产大亨哈同的私人别墅,后来被浙江省政府没收,成为国立第三中山大学(也就是后来的浙江大学)的校舍。在蔡元培的牵头下,国立杭州艺专以象征性的一块银圆的价格,从国立第三中山大学手中租下了哈同花园作为校舍。

1928年3月1日,国立杭州艺专正式成立,林风眠出任校长。同年4月10日,国立杭州艺专开学典礼在哈同花园举行。

开学典礼上一派喜气洋洋。国立杭州艺专的学生在临湖的八角二层水榭以及亭台楼阁

青年时期的林风眠

蔡元培书"国立艺术院"校名　　　　　　　　　国立艺术院校友录

上都挂起了彩旗和横幅，出席开学典礼的人士，大都是西装革履、一派西式范儿的艺术家，而人群中，一位个子高高、身穿长袍的年轻人，显得格外扎眼。

这个人就是潘天寿。尽管彼时他已经在上海这个国际大都市生活了五年，却几乎没有受到繁华都市风气的影响，他在课堂上和出席重要场合时，还是喜欢穿着长袍。这个习惯一直延续到中华人民共和国成立前，在潘天寿各个时期与学生的合影中，他都是一袭长袍。

潘天寿在国立杭州艺专主持中国画的教学工作，月薪三百块大洋。

在当时，普通人只需要七八块大洋就可以满足一个月的生活所需，三百块大洋无异于一笔巨款。因此国立杭州艺专选拔老师也非常严格，具有国立杭州艺专老师的身份，不仅意味着收入颇丰，而且是对教师水平和艺术造诣的一种认可。

所以潘天寿接到林风眠的邀请后欣然应允。他辞去上海新华艺专的职务，在时隔八年后，又回到了阔别已久的杭州。只是这次回来，他再也不是当年那个窘迫的穷学生了，而是一位在画坛和美术教育领域都颇有影响力的人物。

初返杭州，潘天寿踌躇满志地到了国立杭州艺专。坐在开学典礼的台上，三十一岁的潘天寿脸上露出隐隐的喜色，丰厚的待遇、受人尊重的职业，生活在他面前铺开了一条阳光大道。几十年后，如果真的有时光穿梭机可以回到过

Pan Tianshou

潘天寿作品《鸬鹚》

潘天寿作品《凤仙花》

去,潘天寿想做的,恐怕是回到这一刻,对着台上这个踌躇满志的青年说:"年轻啊,不知天高地厚。"

因为,很快潘天寿就发现,一切与他想象的都不一样:中国画在国立杭州艺专不被师生所重视,成为一门边缘学科。

这要从创始人的办学理念和当时美术界的主流思潮说起。

校长林风眠是海归派,曾留学法国巴黎高等美术学院,受西方美术思想影响很深,是当时知名的"西派"画家。他在向蔡元培提议创建国立杭州艺专时,其理想是要创办一所与母校巴黎国立高等美术学院一样、完全西式的美术学院,他曾意气风发地说:"西湖可能成为中国的佛罗伦萨,中国文艺复兴的发祥地。"

从当时国立杭州艺专的院系设置和教师的构成就能看出他的办学理念。国立杭州艺专下设四个系:西画系、雕塑系、图案系和国画系,半年后西画系和国画系合并为绘画系；在师资上，由外籍油画家克罗多为研究部导师，吴大羽为西画系主任，李金发为雕塑系主任，图案系主任为刘既漂，国画系由潘天寿任主任和教授，另外还有李苦禅和张光两名教员。而其他的教师，例如蔡威廉、潘玉良、方干民、姜丹书、李超士、雷圭元等，都清一色的有留法背景，此外还有英籍的魏达、俄籍的杜麦契夫等外籍教师；在课时安排上，中国画课时与西画课课时比例为1:5，中国画在国立杭州艺专只是一个补充。

而在当时的时代大环境里，国画是不被重视的。1918年1月，陈独秀在《新青年》发表文章，举起"美术革命"的大旗，提出"改良中国画"的口号，主张以"欧洲古典写实为参照"，吸取西画写实之法，改良中国画。与此同时，洋务运动后一大批赴欧美等国留学学习西方绘画艺术的艺术界人士也陆续回国，如林风眠，他们当中很多人都深受西方绘画思想的影响，回国后成为推动"西画"的重要力量。

在大环境的影响下，国立杭州艺专的学生大多也推崇西画，认为国画已经过时，应该被淘汰，对国画课十分敷衍。学国画的学生甚至还被称为"磨墨派"，意思是墨磨

陈独秀

国立杭州艺专师生合影

国立艺专毕业照

好了也该下课了。学生上国画课也很不认真,很多人点了名之后就开溜,来上课的,有的敷衍了事,有的胡乱图画,有的干脆把水墨画画成了水彩画。

范美俊在《潘天寿与林风眠的"合系"论争》中曾提到这样一个细节:版画家彦涵是潘天寿在国立杭州艺专的学生,据他回忆,"当时国画界不甚景气,选修的学生不算很多。可是潘先生对自己的课务异常负责,他上课时每课必到,记得教室里只有我一个人,他也从不置弃。每当出现这种情况时,他总是隐约地露出失望的神色,而又亲切地说:'就你一个人?'我觉得多么对不起他。我在这种精神感动和促进下,也成为一个不缺课的学生。"

一向温和的潘天寿也难免有被激怒的时候。有一次国画课考试,西画系的学生赵无极拿起笔在纸上画了一团墨,题上"赵无极画石",不到十分钟就离开教室,扬长而去。潘天寿被赵无极彻底激怒了,他向校方提出要求开除赵无极。林风眠是个惜才之人,他替赵无极说了很多好话,才平息了潘天寿的怒气。后来赵无极在林风眠的帮助下留法,成为知名画家。

潘天寿在当时的环境下是被孤立的,内心是很孤独的。他在晚年透露,曾经因为不堪世俗而再度萌发过出家的念头,他拜访了弘一法师,向他透露了出家的念头,经弘一法师的劝解,才免于削发为僧。

　　国立杭州艺专当时有个叫郑祖纬的学生,是为数不多的受到潘天寿影响而学习国画的学生。郑祖纬绘画天赋极高,十五岁就能画巨幅画像,是乡亲们眼中的奇才。他十八岁参加北伐,二十岁考入国立杭州艺专,师承潘天寿。

　　令潘天寿颇为欣喜的是,这个郑祖纬有点自己当年的影子,学老师的同时却又有自己的面貌。所以潘天寿对郑祖纬向来不吝啬自己的赞美,"将是当万人敌的栋梁贤才",潘天寿曾这样夸赞他。

　　二十四岁,郑祖纬在杭州举办了个人画展,惊动杭城,他的巨幅人物画《首阳二难》被挂在陈列馆里,潘天寿亲自为他题款;郑祖纬要出版画集,潘天寿又是亲自为他的画集封面题字,可见潘天寿对这个得意门生的喜爱。

　　不料,在毕业前夕,郑祖纬得了伤寒住进了医院。惜才的潘天寿在医院里守了一夜,不幸的是,伤寒竟要了郑祖纬的命,这让刚毅的潘天寿痛哭不已。他的悲伤中,既有对这个还未来得及施展才华的年轻人早逝的惋惜,也有痛失知音的彻骨之痛。毕竟在当时的国立杭州艺专,郑祖纬是为数不多的真正懂潘天寿的人。也是在这个时候,一名叫何愔的女学生走进了他的生活。何愔原名为何文如,是浙江名医何公旦的二女儿,何公旦不仅是当时的杭城名医,而且还写得一手好字,据说他开的药方能卖到一元钱,所以他通常都只用铅笔开药方。

　　受到父亲的影响,何愔自幼喜爱艺术,后来考入国立杭州艺专,成为潘天寿的学生。在国立杭州艺专众多的老师中,何愔特别喜欢潘天寿的课,渐渐地,这名常常在自己课堂上露面的女学生也引起了潘天寿的注意。上课时,他会在教室里走动,在何愔的画桌前停留下来,很快其他同学发现,潘老师在何愔课桌前停留的时间最长,眼尖的同学还发现,有一次潘老师卷起袖子帮何愔磨墨。

　　很快,潘天寿与何愔相恋了。在认识何愔之前,潘天寿在老家有一段封建包办婚姻,1918年,二十二岁的潘天寿还在浙一师读书时,在家人的安排下娶

20 世纪 30 年代，潘天寿与夫人何愔

了外婆家宁海黄坛人姜吉花，婚后姜吉花为他生下三个女儿。结婚十年，两个人之间的差距越来越大，越来越缺乏共同语言。1928 年春节期间，潘天寿回宁海老家，向父亲提出结束这段封建包办婚姻，遭到父亲的断然拒绝。后来，由潘家几位德高望重的族人作证，潘天寿在上海《申报》上刊登了一则"离婚启事"，宣布与姜吉花离婚。离婚后，姜吉花一直以潘家媳妇的身份留在潘家。

1930 年，潘天寿与何愔在国立杭州艺专的俞楼举行了婚礼，在婚礼上，图案系主任雷圭元即兴作诗："有水有田兼有米，添人添口又添丁。"这首诗巧妙地把新郎、新娘的姓氏拆解开嵌到诗里，引得众人大乐。

婚后两人住在西子湖畔的俞楼，直到何愔怀孕后才搬到娘家的何寓居住。

第二节

林风眠与潘天寿"分科合系"之争

国立杭州艺专的办学宗旨是"介绍西洋美术,整理中国艺术,调和中西艺术,创造时代艺术",这也是林风眠践行蔡元培"美育代宗教"等理想的教育实践。因此,在国立杭州艺专创建之初,林风眠就提出中西画"合系"的主张。

林风眠在他的《东西艺术之前途》一文中,明确地提出了"调和东西艺术"的主张:"西方艺术,形式上之构成倾于客观一方面,常常因为形式之过于发达,而缺少情绪之表现,把自身变成机械,把艺术变为印刷物……东方艺术,形式上之构成,倾于主观一方面。常常因为形式过于不发达,反而不能表现情绪上之所需求,把艺术陷于无聊时消倦的戏笔,因此竟使艺术在社会上失去其相当的地位(如中国现

1928年夏，潘天寿（右三）与国立杭州艺专同仁赴日本考察

代）。其实西方艺术上之所短，正是东方艺术之所长，东方艺术之所短，正是西方艺术之所长。短长相补，世界新艺术之产生，正在目前，惟视吾人努力之方针耳。"

基于这种观点，国立杭州艺专开学不到半年，林风眠就把原来的国画系和西画系合并为绘画系，根据绘画系的课程安排，每天上午为西画人体写生课。林风眠还从法国购买了大量的法文书籍和法国的画册，国立杭州艺专的学生对当时西方正在冉冉升起的毕加索、马蒂斯等画家早已耳熟能详。

至于中国画，学校每周只安排了两个下午的课程。从课程的安排来看，虽说是"中西调和"，但西画明显占了主导，中国画只是一个补充。一些喜欢中国画的学生只能晚上在宿舍里点灯自习。

这样的安排让潘天寿十分苦闷。他虽然表面看起来温良敦厚，与世无争，但是内心认定的却十分坚持，他有一枚"一味强悍"的印章，就是他内心这股子倔劲儿的写照。在中西画这个问题上，他始终坚持着自己的观点。

潘天寿在20世纪三四十年代写就的《论画残稿》一文中讲述了一段经历，

委婉地表达了对学校"重西轻中"的不满:"德意志女东方美术史家孔德氏,通华文华语,曾于去岁来中华考察东方艺术,住杭州殊久。特过吉祥寓邸,访予数四。请询中国画事甚详。伊曾谓中华绘画,为东方绘画之代表,在世界绘画上占有特殊形式与地位,至可宝贵。顾近时风气,多倾向西洋绘画之努力,致国有艺术学府之杭州艺专,亦无中国画系之设立,至为可惜也云。"

让潘天寿颇为惋惜的是,西方人尚且能够认识到东方绘画的价值,看到中国画在世界绘画史上的特殊地位,多次来华学习、研究中国画。而反观中国的艺术家,却一味地西化,完全抛弃了自己民族特有的文化。

1928年冬天,潘天寿与王一亭、刘海粟在上海见到了日本画家桥本关雪。桥本关雪是日本著名画家,他痴迷于中国传统文化,民国时期曾来华三十多次,与中国的书法、绘画艺术家多有交流。在这次会面中,桥本关雪再次向潘天寿表达了对中国文化的仰慕,并告诉他,自己每隔一两年都要来中国旅行写生,以弥补缺陷。

潘天寿作品《焦墨山水》

20 世纪 30 年代潘天寿（左一）与国立杭州艺专学生

日本友人对中国文化的推崇与中国人对中国传统绘画艺术的不重视形成了鲜明的对比，这让潘天寿很有危机感，他与同行的刘海粟说："我们要奋力笔耕，不能让东邻画家跑到我们前面去啊！"

正是这种危机感，促使潘天寿顶着压力，在一片极力主张通过西洋画改良中国画的声音中，他也要为中国画发声，他认为不能让中国画成为西洋画的补充，而应该享有与西洋画同样独立的地位。后来，他直截了当地提出应该对中西画"分科教学"，而且连教室都要分开，"我向来不赞成中国画'西化'的道路。中国画要发展自己的独特成就，要以特长取胜"。

潘天寿并不反对中西之间的艺术交流，他反对的是全盘接受西方的"洋奴才"和"笨子孙"。潘公凯曾说，潘天寿把"外来思想"当成"国民艺术的滋补品"很恰当。但"滋补品"治标不治本，强健体魄才是根本。因此，中国画艺术的复兴还在于传统绘画艺术的继承和发展。

林风眠和潘天寿关于中西画究竟应该"融合"还是"分科"的分歧，有他们各自成长背景的原因。

和潘天寿一样，林风眠的绘画也是从《芥子园画谱》起步，从五岁到二十岁

潘天寿（前排左四）与国立杭州艺专早期教师合影

的十五年间，他主要学习中国画。1919年，林风眠参加留法俭学会，从上海前往法国，先后在法国第戎美术学校、巴黎国立高等美术学院深造，在他人生最容易接受新鲜事物的这段时间里，他是在法国度过的，甚至两任妻子都是法国人。

从他二十岁到四十岁这段时间里，他在研究西画上所耗费的时间和精力是远大于国画的。而且他的办学思想，在担任国立北平艺专的时候就已经很清晰，在国立杭州艺专时更是明确了这一办学思路。

而潘天寿在十分传统的文化背景下长大，一生浸淫中国画，没有留洋的背景，是一位非常传统的画家，他更趋向于向"内"去寻找中国画存在的根基。

在当时的国立杭州艺专，课程以西画为主，大多数权威教授也都是教西画的。潘天寿的声音显得有些"势单力薄"，无法扭转中国画"被边缘"的命运。1930年，绘画系西画与中国画的课时比为5:1，1934年为8:3。课时少，学生学习中国画的时间也不够，而中国画又是需要时间来慢慢品鉴才能逐渐掌握精髓的艺术，这对于中国画的发展是极为不利的。

但是，尽管林风眠与潘天寿的观点不一致，两人并未就中西画"分科"还是"融合"有过正面交锋。吴冠中在《林风眠和潘天寿》一文中说："主张中西结合

20世纪30年代，林风眠、潘天寿（后排左一）、李苦禅、李超士等在国立杭州艺专

1990年，林风眠（左）与吴冠中（右）合影

的林风眠从不干预潘天寿的教学观点与方式，潘老师完全自由充分表达自己的学术见解，不过他那时没有提出中、西画要拉开距离这一说，是否因林风眠、吴大羽等权威教授都是教西画的，温良敦厚的潘老师慎露语言锋芒？"

在吴冠中眼中，林风眠是一个惜才爱才、胸怀广博之人。从艺术背景来看，学西洋画的林风眠与学中国画的潘天寿并没有太多的共同语言，但是他赏识潘天寿的书法、绘画、篆刻，他把西画和国画界一流的大师都请了过来，只为了国立杭州艺专能够更好地发展。

不过，在当时用艺术开启民智的时代大潮下，潘天寿追求中国画学科的独立性的呼声，并没有得到艺术界和教育界的响应，直到抗战全面爆发后，这个提议才得以落实。

第三节

白　社

　　不能为中国画在课堂上争得一席之地，潘天寿就在课余时间里，为学生提供指导。他担任了由爱好国画的学生组成的书画研究会的导师，给学生传授课堂上未来得及传授的知识。他还组建社团，集结众多中国画的艺术大师，共同研究和探讨中国画的发展方向，以此来扩大中国画的影响力。

　　1932年4月，潘天寿又与吴茀之、诸闻韵、张书旂和张振铎五人组织成立"白社国画研究会"，通常称为"白社"。"白"字共五笔，正好指代五位创始成员，这五位成员分别来自国立杭州艺专、上海美专、中央大学艺术系和新华艺专，均在中国画方面有着很深厚的修养，又自成风格。

　　张振铎在《忆寿师》中提到，"当时寿师（潘天寿）的本意

白社国画研究会成员，从左至右依次为张振铎、潘天寿、诸闻韵、张书旂、吴茀之

是，大家都以教书为业，勿生惰性，每周上完课，就无所事事，闲散起来，让宝贵的时间白白空过，深感可惜……当时寿师谦逊，推比他长几岁的诸闻韵做社长"。

当时，艺术家们聚在一起结成社团十分盛行，比如刘海粟等人在1921年创办的"天马会"，倪贻德和庞熏琴等人在1931年创建的"决澜社"，都是那个时期在艺术圈子里颇有影响力的社团。艺术家组织社团，一来是志趣相投的艺术家可以聚在一起互相交流，切磋技艺，游历采风；二来在当时美术商业化的影响下，社团成为画家画作流通买卖的交流机构，一些画家活跃在多个社团，以此来提高经济收入。

在这样的背景下，潘天寿等人组织的"白社"就显得极为严肃。根据创社宗旨，白社专注于中国画研究，成员定期研讨画艺，观摩作品，以中国画研究为主，兼书法、诗词、篆刻等。潘天寿还提出以"扬州八怪"革新精神来重振中国画，成员每年需交二十幅上乘之作，迟交者罚款一元。据说只有张书旂被罚过一次，后来大家都引以为戒，杜绝拖拉作风。

据张振铎回忆，"白社"成立以后，吴茀之每天废寝忘食地创作，进行中国画研究，还给自己制定了八大计划，涵盖了作画宗旨、绘画题材、理论研究和诗文修养以及成立函授室等，并且积极落实。由此可以看出，白社虽然是基于志同道合而组建的一个社团,对成员没有约束力,但是它具有很强的凝聚力和推动力,对成员起到了很大的督促作用。

白社的一大活动,是成员之间聚在一起,互相点评彼此的作品。对此,白社还明确规定:同仁研讨,直言不讳。

中国的文人骚客聚在一起时,一团和气互相吹捧是常态,但这在白社是不允许的。比如张书旂画画有一个特点,喜欢在画上用白粉,人称"白粉主义"。白社成员毫不留情地指出这个问题,张书旂也为自己据理力争,称"你们为的是身后之名,我为的是身前之乐",因为他的画是迎合市场,销量最好的。这种直言不讳又允许自我辩护的氛围对每个成员都有一定的促进作用,同时又允许他们朝着不同的方向发展,形成鲜明的个人风格。

在抗日战争全面爆发前的五年里,白社先后在上海、南

潘天寿作品《西子湖中所见》

京、杭州等地举办画展，并出版了两本《白社画集》，影响力日渐扩大。白社在宣传中国画精髓的同时，也吸引了更多的国画大师加入，为中国画的研究形成合力，打造声势，以抗衡西画的挤压。在白社第三次画展之后，又有朱屺瞻、诸乐三等人加入，队伍壮大了不少。直到1937年抗日战争全面爆发后，人员四散，白社才宣告解散。

回顾白社的成员，都是当时在艺术上已经颇有成就的大师。初创的五位成员自不用说，张书旂师从任伯年，被誉为"任伯年第二"，他作画喜欢用白粉调和色墨，自成风格，与徐悲鸿、柳子谷并称"金陵三杰"；张振铎加入白社时还不满二十五岁，已经是上海新华艺专的教授。后期加入的成员中，朱屺瞻、诸乐三、潘蕴华等，在当时也都是名声在外的艺术家。朱屺瞻为上海新华艺专教授，和王济远、江小鹣、李秋君等人创办了艺术绘画研究所，诸乐三为吴昌硕的弟子，当时也是上海新华艺专的教授。潘蕴华是这些人中名气最小的，她毕业于上海美专国画系，师从花鸟画大师马孟容、山水画家郑午昌等，毕业后任教于安庆培德女中。

从成员构成来看，白社可谓是大师云集。加上白社当时颇为严谨的画风，大家聚在一起切磋学问和绘画技艺都是为了弘扬和发展中国画。在白社解散之后，他们依然以身作则，通过教书育人，继续扛起中国画的大旗。

这之后，潘天寿还担任过国立艺专校长、浙江美院院长等职；中华人民共和国成立后，潘天寿、吴茀之和张振铎都当选过人大代表、美协主席等职务，他们所取得的成就，与他们当初在白社时的勤奋和专注不无关系。更重要的是，白社所倡导的革新精神，在每个人身上留下了深深的烙印，在后来的美术教育工作中，他们把这种精神发扬光大，并传递给后辈。

国立杭州艺专十年，潘天寿无法在课堂上为中国画争取独立的位置，他就通过课堂之外的努力，来发现中国画的价值，把中国画的种子播下去，让它在以后有机会发扬光大。直到全面抗战时期，潘天寿才有机会实现"分科教学"，并成立独立的中国画系，为中国画争得一席之地。

第四章 八年流离

BANIAN LIULI

1937年抗日战争全面爆发之后，杭州宁静的生活被打破，潘天寿从此经历了人生中颠沛流离的八年。一向以"教书匠"自居的潘天寿，临危受命，担任起处于乱世中的国立艺专的校长，成为中国美术教育界的中流砥柱。

第一节

一路南迁

1937年抗日战争全面爆发之后，杭州宁静的生活被打破，潘天寿从此经历了人生中颠沛流离的八年。

八年里，他跟着国立杭州艺专一路向南，从杭州到湖南沅陵，从昆明到重庆，他在战火纷飞中坚持教学，并创作出大量的国画作品和诗词。在这个时期，潘天寿对中国画的发展有了更深刻的思考。

一向以"教书匠"自居的潘天寿，临危受命，担任起处于乱世中的国立艺专的校长，成为中国美术教育界的中流砥柱。

1937年7月7日，日本发动卢沟桥事变，抗日战争全面

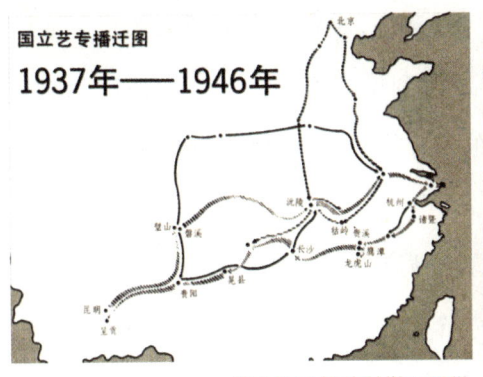

国立艺专抗战时期西迁图　　　　　潘天寿与国立艺专师生在湖南沅陵

爆发。

战火很快烧到上海，1937年8月13日，"八一三淞沪会战"打响，同年11月12日，上海市长俞鸿钧发表告上海市民书，宣布上海沦陷。距离上海不到两百公里的杭州也岌岌可危。

1937年11月12日，眼见战火就要烧到杭州，国立杭州艺专决定迁校。在校长林风眠的率领下，两百多名师生携带着大量图书教具，仓促告别美丽的西子湖畔，南迁至浙江诸暨吴墅。在这里还没有安顿下来，战火逼近，师生一行又继续西行至江西贵溪，在接下来的几个月里，师生们几经流转，从贵溪辗转到牯岭。潘天寿和师生一起，在颠沛流离中依然坚持教学。

1938年3月，国立杭州艺术专科学校与国立北平艺术专科学校合并为国立艺专，校址设在湖南沅陵沅江畔林木葱郁的老鸦溪。国立艺专废校长制而采用委员制，林风眠为主任委员，原北平艺专校长赵畸、常书鸿任委员。国立艺专共有师生二百余人，其中原杭州艺专教职员工三十四人，学生一百余人，北平艺专教职员工十三人，学生三十余人。

合并之初，因为经费、教育方针和人事等诸多问题，矛盾丛生，学生还发动过几次"学潮"。画家、诗人丁天缺当时是国立艺专的学生，据他回忆，两校合并不到两个星期，学校就发生了一次不大不小的"学潮"。原北平艺专的部分老师和杭州艺专的一部分老师联名要求林风眠辞职,夹在各种矛盾中的林风眠觉得有些心力交瘁,连夜留下一张便条,便跑到桃园避难去了。于是教育部又重新下令恢复校长制,并聘请曾先后在上海美专、中山大学任教的滕固出任校长。

滕固是从德国回来的美术史专家,获得哲学(艺术史考古)博士学位,他被任命为国立艺专校长,在外界看来,是充当着"救火队员"的角色。当时两校合并后,人事和利益纠葛是引发各种矛盾的根本原因,林风眠向教育部建议,请一位与两所学校均无瓜葛的人来掌管校务。教育部想到了滕固,但事实证明,国立艺专校长这个工作不好干,一些学生认为他取代了林风眠,由此对他产生了抵触情绪。

那时,抗日的烽火正旺,国立艺专的师生也投身到抗日宣传工作中。丁天缺回忆说,艺专的学生发挥自己所长,举办了一次宣传画展,展品中出现了各种啼笑皆非的作品。例如,一名叫王子云的学生创作了一个雕塑群像,其中两个顶着泥塑头像的稻草人,一个穿着黄色的军装,四仰八叉地倒在地上,代表被打倒的日本侵略军;另一个穿着国民革命军军装,一脚踏在倒地的日本侵略军身上。

全面抗日战争时期潘天寿在湖南沅陵的住所

兵荒马乱的时代,原有的秩序被打乱后,也为一些事情带来了转机。1938年秋,由于战争局势不断恶化,战火烧到了武汉、长沙,原本在湘西安顿下来已经恢复上课的国立艺专又被迫继续南迁至云南昆明,在这里驻扎下来,学校因陋就简,招生复课。潘天寿因为夫人何愔生病,没有与国立艺专师生同行,而是先送何愔回到岳父在缙云的家中,随后和张振铎快马加鞭返回学校。

也正是在这个时期,在一次校务会议上,潘天寿向校长滕固提出了自己"分科教学"的设想,没想到一批国画老教授纷纷响应。专攻中国美术史的滕固也点头应允,向教育部提出请求,要求批准中西画分两科设置,成立西画组和国画组,很快教育部批准了这一请求。

不久,国立艺专中西画开始分科教学,潘天寿任国画组主任,国画课的课时也大大增加了。一直以来为"分科教学"而努力的潘天寿难抑内心的激动,在分科后的第一堂国画课上,他向学生介绍了国画作为一门独立的画种的艺术价值以及它在世界艺术史上的无可替代的地位,并且鼓励学生投身到国画的学习和传承中。

1938年冬与张振铎摄于浙江缙云

按照潘天寿拟定的教学计划,国画组的学生在第一年是打基础阶段,主要学习国画的基础知识和基本技巧,附带着学习山水、花鸟、人物的画法等;到第二、三年的时候,就分成花鸟、山水两个专业分别授课。

潘天寿上课时,给学生讲国画史、书法和题款,让学生了解传统绘画的内涵和文化底蕴,学生也渐渐地开始喜欢上国画课了。

中西画"分科教学"在国立艺专时期得以顺利推行,一方面与潘天寿的极力主张有很大的关系,另一方面不可忽视的是,合并之前的北平艺专在较长时间内都保留着独立的中国画系,尽管从1934年北平艺专将中、西画系合并成绘画系,但在绘画系内部,国画和西画依然是分开的两个专业。所以当潘天寿向滕固校长提出"分科教学"的主张时,也容易获得其他国画系教授的支持。当然,在抗战节节败退的背景下,教育部也有现实方面的考虑,即倡导民族文化以鼓舞民心。

潘天寿作品《小憩》

潘天寿作品《孤栖》

  这也是"分科教学"在中国最早的实践，确保了中国画的师资配备和专业课时，从而为国立艺专国画系的发展奠定了基础。抗日战争胜利后，国立艺专的山水、花鸟画教学水平在全国已经遥遥领先。

  1940年，南边战事纷起，在教育部的指示下，国立艺专迁往重庆璧山。那时校长滕固因病去世，吕凤子继任校长一职，在璧山，潘天寿和吕凤子协力，把中国画科独立成系。

第二节

从东南联大到英士大学

1941 年,潘天寿已经跟着国立艺专跑了半个中国,而留在浙江缙云的家人在这个时期经历了很大的变故,岳丈何公旦病逝,小儿子也因日本人的炮火受到惊吓而夭折。在国立艺专,潘天寿的日子也不好过,因为与一些同事观念相左,工作并不顺心。于是他向学校告假回浙江探亲,暂别国立艺专。

在缙云家中,潘天寿一边享受着与家人在一起的温馨时光,一边重新拿起画笔开始创作了。在跟着国立艺专颠沛流离四处辗转的这几年,潘天寿甚少作画,面对国家主权的沦丧,每每提起笔,他的心里似有千斤重,提起的笔迟迟无法落到纸上。在老家,他经常走到田间地头去写生,那个时期田间的水牛成为他绘画的主要题材之一,他还送了很多幅水牛画给当地的老乡。

当时浙江有很多学校都因战乱迁到乡间避难,缙云附近就有不少学校,潘天寿除了画画,就去附近的一些高校兼职上课。

只是在战争年代,哪里还有什么净土。1942年,战火烧到了缙云,老家也待不下去了。潘天寿一家兵分两路开始逃难,他与何愔带着孩子随着省政府辗转去了云和,岳母带着其他弟妹到了龙泉。

全面抗战时期潘天寿在浙江缙云的住所

初到云和的时候,潘天寿一家住在一个叫作小顺弄夹儿村的小村子里。这个村子四面环山,村子里只有几户人家,潘天寿住的这户农家,虽然比较简朴,但是推开窗户,清风扑面,满目苍翠,这让潘天寿颇为满意。他把自己住的这栋小楼叫作"春楼",房子的西墙上开了一扇窗,采光很好,潘天寿就把自己的画桌放在窗边,他把桌子取名为"西窗"。这座简陋的小楼,突然因为潘天寿一家的到来富有了诗情和画意。

经历了多年颠沛流离的生活,这个与世隔绝的宁静村庄给了潘天寿一个休养生息之机。在夫人何愔的悉心照料下,他的身体和精神要比之前好很多。村子里条件艰苦,村民大多吃的是红薯、洋芋这些杂粮,但是这里民风淳朴。潘天寿一向生活节俭,他和村民们同吃同住,日子竟也过得有滋有味,心情也舒畅了很多。

这个时期,没有俗事缠身,潘天寿创作了许多作品,他的传世之作《秋酣》《观瀑图》《山斋晤谈图》《竹石》等,都是在小顺弄夹儿村的"春楼"里创作出来的。

云和是浙江省丽水市的下辖县，当潘天寿在云和休养生息的时候，1942年1月，距离云和两百多公里的福建建阳，经国民政府教育部决定，将撤离上海沦陷区的高校全部合并，在福建建阳组建成立"国立东南联合大学"。上海美专、上海法学院等大学均成建制撤退，其中上海美专的队伍是由谢海燕教授带队，谢海燕得知老友潘天寿在云和后，就向他发出邀约，请他去担任中国画和书法的教学工作。

好在云和与建阳相隔不远，潘天寿便接受了谢海燕的邀请，把家人留在云和，独自一人去了东南联大，他和谢海燕、倪贻德、俞剑华四个人撑起了艺术专修科。在建阳的时候，潘天寿甚是想念在重庆的好友吴茀之，希望他能够到浙闽来和他一起工作，便给吴茀之写了一首诗，其中一句是"东南尽有前山水，布袜青鞋待子旋"，邀请吴茀之前去东南联大。

吴茀之在接到潘天寿的信之前，已经受聘为福建南平的福建师专教

潘天寿作品《山斋晤谈》

潘天寿作品《秋葵》

授,但是在收到潘先生的召唤之后,旋即打定主意去建阳与老友会合。在建阳,有老朋友相伴,又可以重新走上讲台,在东南联大的这段时光,是潘天寿自全面抗战以来难得的快乐时光,那时候因为家眷都不在身边,一行人常常结伴出去游山玩水。

东南联合大学只维持了短短一年半的时间。一年后的1943年4月,陈立夫出任教育部长,在陈立夫的指示下,全国的高校重新进行调整,东南联合大学被撤销,原省立英士大学改为国立英士大学,东南联合大学的化学院和艺术专修科并入英士大学,校址设在浙江云和小顺。

省立英士大学始建于1938年,原为浙江省立战时大学。当时沿海城市陆续沦陷,很多学校停课,许多青年因此失学,为了照顾沦陷区学生的学业,浙江省特意筹建了这所"战时大学"。1939年5月,为纪念陈立夫的叔叔、同盟会主要骨干之一的陈其美(字英士),改名为省立英士大学,英士大学的校徽图案,

潘天寿作品《美女峰》

正是陈英士横刀立马的英姿。在全面抗战时期，国内东部许多大学都已经西迁，一些大学在西迁的过程中四分五裂，而英士大学在整个抗战期间从来没有离开过浙江，一直坚持在抗战烽火的前沿办学。省立英士大学在升格为国立大学之后，国立英士大学成为民国三十六所国立大学之一，在浙江省内曾一度与浙江大学齐名。

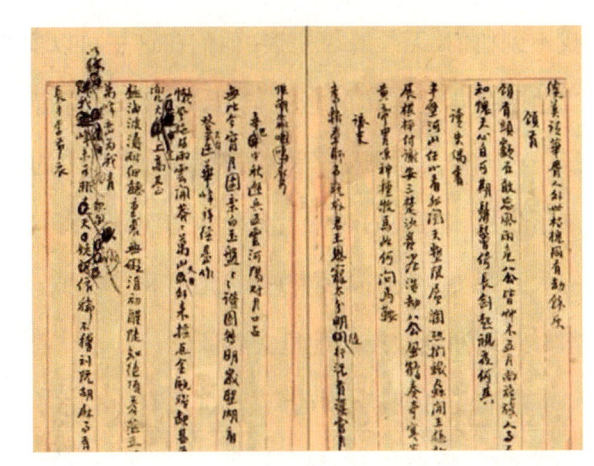

20世纪40年代潘天寿诗稿墨迹原件

潘天寿随着原东南联大的艺术专修科到国立英士大学任教。所幸校址在一个名叫小顺的偏僻小镇下面的沙溪乡隔溪寮村，离云和约二三十里路，他把家人安顿在条件稍好一点的云和县城，自己去了小顺。学校为了方便潘天寿上课，把他安排在隔溪寮宋家大院居住。

当时的国立英士大学几经合并之后，艺术专科的师资非常有实力，潘天寿任绘画组主任，谢海燕任艺术组主任，倪贻德任工艺组主任，教师有叶元珪、陈士文、王隐秋、周天初等。

当时的教学条件很差，学校借用了当地铁工厂的厂房作为校址，教师就住在距离学校不远的叶村的聚英阁。小顺地处山区，人口不多，由于大批师生的到来，使当地人口数急剧增加，导致日常所需等物资非常匮乏，师生每天只能吃上两顿稀饭。要吃肉，就要等附近的农民杀了猪敲锣打鼓通报之后，才能买到一点，平均一个月才有一次吃肉的机会。逢年过节的时候，学校食堂才会宰一头牛，跟萝卜一起煮了分给学生，每人也只能分到一小块牛肉。

条件虽然差了点，但是在战时，这里就是师生们的世外桃源。日军的飞机找不到他们，无须躲避空袭，他们在这里可以安心地吟诗作画，也能自得其乐。当地一位年近九旬的老人记得，每天天刚蒙蒙亮，英士大学的学生就起床了，统一在一楼大厅和院子里吃早餐。这些学生的到来，也给这个宁静的小村子带来了生机。村民们时常看到学生们组织篮球比赛，撑着竹竿玩撑竿跳，让村民们大开眼界。还有一位教授在地里种了西瓜，这还是当地人第一次见到西瓜，都好奇地涌到教授的地里去看新鲜。

在战乱时期，小顺远离战火，又有山有水有田，是一片难得的福地，潘天寿还留下了"田黄华贵，封门清雅，小顺妩媚"的赞叹。正当潘天寿在这艰苦的环境里展开教学工作时，一封电报打乱了他在英士大学的生活。

第三节

"救救孩子"

在潘天寿请假回家探亲的这几年里，国立艺专在重庆的日子很不好过。

校长几经更迭，原来的校长吕凤子因身兼数职自觉分身乏术，又因人际关系错综复杂，心力交瘁，遂向教育部请辞。教育部一时找不到合适人选接替，要求他推荐出接任者才接受他的辞呈，于是吕凤子推荐了中央大学艺术系的教授陈之佛，陈之佛最初也是百般推辞，在教育部的穷追不舍之下，见实难推辞，他便提出了三个条件：第一，迁移学校到主城附近；第二，增加经费；第三，改学校为学院。教育部一一应允，陈之佛才勉强出任。

国立艺专在陈之佛的带领下，把校址迁到主城区盘溪，

1936年，陈之佛在南京留影

陈之佛创作于1938年的《四季花鸟屏》

　　这里离沙坪坝的中央大学不远，陈之佛以中央大学艺术系聘请了许多水平很高的老师。

　　教育部承诺的办学经费迟迟不到位，陈之佛只好变卖自己的画来维持学校的日常开支。除了迁校，教育部当初应允的条件都没有兑现，这些陈之佛都忍了。最后导致他拂袖而去的，是因为教育部要求在学校清查异党，陈之佛非政客，自然不信学校有异党，他拖而不办。于是，教育部在重庆组织了一场为期三十五天的大专院校校长集训，这让陈之佛大感受辱，愤而辞职。

　　陈之佛离任后，当时的国立艺专人事涣散，群龙无首，一盘散沙。教育部物色再三，考虑到潘天寿在学生中很有威望，决定请他出山。

　　在学生的印象中，潘先生是那种平易近人但又让人肃然起敬的老师。吴冠中回忆当年在国立杭州艺专时，遇到学生打架这样的事情，训导处都要请潘天寿出面来解决。南迁后学生在云南闹学潮，学校图书馆负责人不知何故被学生追打，情急之下跑到潘天寿宿舍，学生一见就散了。

　　教育部给远在浙江小顺的潘天寿拍了封电报，请他到昆明，并随电报附上两千元作为路费。

潘天寿一介文人，一向对行政职务没有太大兴趣，在收到教育部的电报后，他给陈立夫回复了一封电报："惭愧无已，但事艰力薄，深虞勿胜用。"电报发出去之后，他又给陈立夫写了一封言辞恳切的信，声明自己生平缺乏干事之才，不敢接受校长这一重任，还把寄来的两千元路费退了回去。

后来，教育部又指定浙江省政府多次派人去云和动员潘天寿，都被他婉言谢绝了。陈立夫见劝不动潘天寿，又没有更合适的人选，决定既然"晓之以理"劝不动，那就"动之以情"。

陈立夫虽然与潘天寿并未有私交，但他的夫人孙禄卿是潘天寿在上海美专时期的学生，与潘天寿的好友吴茀之是同班同学。借着这层关系，孙禄卿以学生的身份，再度函请老师出山。

这一次，碍于师生情面，潘天寿有些犹豫了。

正当他还在犹豫不决的时候，一封特殊的电报让潘天寿心头一震。

原来，教育部和潘天寿这"一请一辞"几个来回，时间已经过去了大半年。这半年里，国立艺专的学生见怎么也请不来"潘校长"，便联名给他发了一封电报，在电报中恳请潘天寿赴重庆担起校长的重担："为全国唯一的艺术最高

潘天寿作品《竹石双禽》

1944年，潘天寿（前排左四）出任国立艺专校长，临行前同国立英士大学艺术专修科的师生合影留念

学府的前途着想，先生，我们日夜盼望着您的到来，救救孩子。"

"救救孩子"的呼声让潘天寿坐立不安。潘天寿曾这样评价自己："我这一辈子是个教书匠，画画只是副业。"自打从浙一师毕业起，他一辈子都在学校教书育人，毕生都奉献给了中国现代美术教育事业。

所以当他听到学生的呼声后，觉得再推辞下去就辜负了学生对他的爱戴，最终他下定决心接受任命。赴任之前，他想为自己找几个得力助手，于是他找到谢海燕，提出一起去重庆国立艺专的想法，谢海燕一口应允下来；接着他又到南平找到吴茀之，让吴茀之和他同去国立艺专，并请他负责国画科。

这个时候，吴茀之却犹豫起来，他已经在南平安定下来，经历了多年的奔波，他不想再折腾了。

潘天寿没有料到吴茀之会拒绝他，便委婉地表示，如果他不去国立艺专，自己也不接手校长一职。

这一次，吴茀之见潘天寿言辞恳切，念及两人旧情，又为国立艺专的前途着想，还是接受了老友的邀请。

这个时候，国立英士大学艺术专修科的学生也都得到消息，潘老师将赴渝

20世纪40年代,潘天寿(前排右五)等国立艺专师生在重庆盘溪合影

1963年,潘天寿在杭州与何香凝、傅抱石合作绘画

主持国立艺专的工作,学生中产生了愤愤不平的情绪:"大家都是学生,为什么要抛弃我们到内地去?一些学生开始四处奔走,试图挽留潘天寿。后来学生们也明白,作为一位艺术家,潘天寿在国立艺专能发挥更大的才能和价值,挽留并非明智之举,转而欢送老师。

潘天寿临走的那天早晨,学生们端出仅有的油条和豆浆为他饯行。全班同学簇拥着把潘天寿送到了他在云和县城的家里,大家依依惜别,谁都舍不得走。虽然潘天寿与这些学生相处的时间不长,但是战乱时期的这份师生情谊,却是情真意切。后来,这些学生当中有好几位也追随潘天寿到了国立艺专,并成为他的得力助手。

1944年7月,潘天寿出任国立艺专校长。当时国立艺专租借盘溪果家园、苏家湾一带苏姓地主家的大四合院作为校本部,正房分别作为礼堂、教室和图书馆。师生们在大院后侧又建了四栋教室和两排教职工宿舍。

当时盘溪这一带人烟稀少,这几排房屋格外显眼,很容易成为敌机轰炸的目标。艺专师生就想了个办法,用锅烟墨把院墙抹黑了,这样就没那么显眼了。艺专学生把这里称为"黑院墙",后来"黑院墙"也就成了国立艺专的代名词。

当时担任国画科主任的吴茀之在他的手稿中这样记录道:"要办好这所学

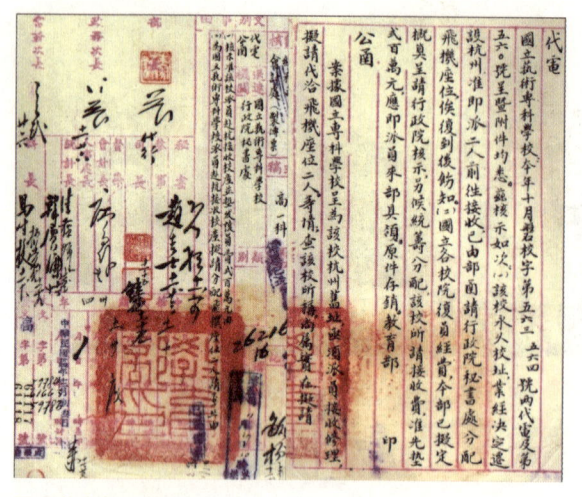

国立艺专复员文件

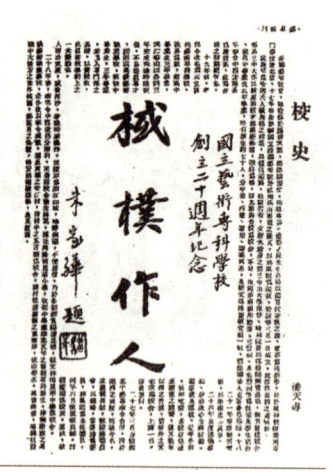

潘天寿为国立艺专专科学校创立二十周年纪念所写《校史》

校,应当抓两件事:第一要有一支高素质的师资队伍,商聘教师要本着'学术自由,兼容并蓄'的方针。只要学有专精,不讲什么派。第二是抓学风,首先抓新人入学考试资格,铁面无私。"

潘天寿上任之后,在他的盛情邀请之下,国立艺专云集了一大批在中国美术史上响当当的人物,国画系有李可染、傅抱石、黄君璧等;油画系有李超士、关良、胡善余、倪贻德等;图画系有王道平、徐文熙、邓白等;雕塑系有刘开渠、朱培钧等……国立艺专的师资力量达到西迁后的鼎盛时期。

让国立艺专的学生颇为感慨的是,潘天寿上任后重新聘请了当初被迫离职的林风眠回校任教。林风眠辞去国立艺专校长一职后,独自一人蜗居在重庆南岸一间仓库的小屋里,日子过得穷困潦倒,因买不起画油画所需的材料,每天只能画彩墨画。潘天寿出任国立艺专的校长后,知道林风眠西画功底深厚,便邀请林风眠回艺专任教。

吴冠中在《林风眠和潘天寿趣闻》一文中说,"潘天寿校长未忘林风眠,他邀请落魄江湖的林风眠回艺专任教,是由于立足民族艺术的潘天寿同样重视油画,还是由于酬谢林风眠当年的知遇之恩,我看这两种因素都有。他们的人品和艺品真是令同学们感慨万千。"

在科系设置上，国立艺专设国画、西画、雕塑、图案等科，并按照潘天寿一直倡导的教学体系，在二三年级的时候把国画科分成山水、花鸟分开授课。国画科一年级的课程由潘天寿和吴茀之亲自教授，为的是让学生打好基础。

国立艺专的师生都知道潘校长国画造诣深厚，就联名请潘天寿举办个人画展。潘天寿在学校的图书馆里展出了他的五十多幅作品，全校师生蜂拥而至，观摩潘校长的作品。后来画展竟惊动了附近大学的学生，连隔了一条江的中央大学的师生听到消息后，都结伴绕江前来观摩。画展之后，师生们更是对他佩服得五体投地，潘校长的威望就此树立了起来。

盘溪"黑院墙"是全面抗战以来国立艺专的教学秩序最为良好的时期，经过前后几任校长的努力，学校的元气得以恢复，这才让中国美术在经历了八年抗战之后没有出现断层。

潘天寿后来曾说："20世纪中国美术史绕过国立艺专就会黯然失色，而绕过盘溪就定然会支离破碎。"

当潘天寿把国立艺专管理得井然有序时，远在云和在家带着孩子的何愔，由于战争的影响，联系不到在重庆工作的潘天寿，生活捉襟见肘，只能靠着变卖东西过日子。她卖了几乎所有能卖的物件，包括儿子学画画的笔墨砚台，甚至家里的棉絮，没钱的时候

潘天寿作品《梦游黄山》

担任国立艺专校长时的潘天寿

20世纪40年代，潘天寿与老友谢海燕在重庆

就剪一段拿出去卖。

1945年，教育部决定，"该校永久地址，业经迁设杭州，全校师生员工复员杭州"，其中，国立艺专分离出一部分，北上恢复原来的北平艺专，其余的迁回杭州，将原来杭州艺专的校舍作为国立艺专的校舍。

抗日战争胜利后，一方面，由于原杭州艺专的校舍在战争中损毁严重，另一方面，大量在战争中南迁的人都争着东归，交通拥塞，车票、船票、机票都一票难求，所以国立艺专延期返杭。

在等待返杭期间，潘天寿听说齐白石要在成都展销一批画，忙招呼吴茀之带上几名学生，从盘溪赶到成都去观摩大师的作品。当时同去的学生中就有画家刘伯骏，他记得，潘校长一边看画，一边给学生讲解大师作品的技法、意蕴。

一直到1946年暑假，国立艺专学生分三路从盘溪东归，最终在杭州会合。早在这年3月，校长潘天寿先其他师生一步到达杭州，修葺破损的校舍为学校添置设备、添建办公楼和招募教师。等到这年8月"大部队"赶到杭州时，学校一切井然有序，随时可以复课。这年10月，国

Pan Tianshou 潘天寿

潘天寿作品《松石》

立艺专在杭州正式开学复课。

让潘天寿没有料到的是,在与国立艺专师生一起熬过艰难的战争岁月后,在刚刚重建的校园里,昔日向他发出"救救孩子"呼声的学生,掀起了"倒潘"风潮。

"倒潘"风潮的本质,还是源于西画与国画之间的纷争,这也可以看作是当年林风眠与潘天寿关于"分科"还是"合系"之争的一个延续。

浙江省档案馆馆藏的民国档案中,可以看到当时入学的新生的艺术梦想。例如在1946年入学的新生中,有一名叫杨成寅的学生在他的入学"写作训练"中这样写道:"学习绘画造型艺术,当然也不应该分开中画或西画,中国画的当然都是中国画,所不同的是方法及技术的问题。中国画有好处,西洋画也有好处,中国画注重写意,以具体的东西变成抽象,再由抽象变成具体……当然意境是高深的。西洋画注重写实,透视、色彩及构图皆有深刻的研究,未尝不是好处。所以,我觉得,我应该国画西画都学,取长舍短,用正确的方法技巧,表现中国的民族文化。这是我的理想也是中国画革新的道路。"

这是当时国立艺专很多学生对中西画态度的一个浓缩,有很多学生对潘天寿中国画和西画分科的做法并不认同,由此引发了这场"倒潘"风潮。

本来就懒于行政事务的潘天寿,在经历了这场风潮后,于1948年辞去国立艺专校长一职,潜心作画。他的绘画也是在这一时期趋于成熟,其这个时期的作品的特点,是用最简笔的墨构成最稳定的造型,有势有力,充满内在的强劲。

第五章

中流砥柱

ZHONGLIU DIZHU

潘天寿个人命运沉浮，是中国画艺术的价值被重新认识、地位重新确立过程的写照。而在中国画教育格局逐渐形成的背后，是潘天寿温良谦和外表下的强悍坚持。

第一节

六十六，学大木

中华人民共和国成立后，中国艺术界迎来了一次大变革。

中国画在这个时期经历了大起大落，作为中国画的代表人物之一，潘天寿的人生在这段时期里也犹如经历了一次过山车。从被教学人员名单中除名，"发配"到清闲的研究室，远离教学第一线，到再度被委以重任，重新确立中国画系，潘天寿个人命运沉浮，是中国画艺术的价值被重新认识、地位重新确立过程的写照。而在中国画教育格局逐渐形成的背后，是潘天寿温良谦和外表下的强悍坚持。

1949年5月3日，杭州解放，同年9月，浙江军管会任命刘开渠为国立艺专校长，倪贻德为第一副校长。10月1日是国立艺专新学年开学的日子，学生纷纷返校，教师们也开始准备新学年的课程，然而在国立艺专的教学人员名单中，潘天寿的名字却被删掉了，与他一起被删掉的，还有黄宾虹、史岩等，这些教了一辈子书的老教授，却不被允许登上讲台。

中华人民共和国建立初期，"文艺为政治服务"跃升为国家的文艺基本方针，在否定了中国上千年传统文化后，苏联的油画古典技法受到推崇，进而形成了中国的写实主义。

在这个特殊的时代背景下，以徐悲鸿所在的中央美术学院为首的各大美术院校，明确提出"中西融合""以西画代替中国画，以素描代替中国的笔墨"等，以实现中国画的转型与变革，而潘天寿一直以来的"中西画分科"的理念正好与新政府倡导的美术理念背道而驰，再加上他画了一辈子的山水、花鸟画，不符合当时"文艺为政治服务"的方针，不免会被冷落。校长刘开渠曾在私底下委婉地劝潘天寿，以后改画人物画，潘天寿陷入了茫然。

其实不光是潘天寿，在整个大环境下，中国画都遭遇了低谷，画家、美术教员都面临着自我改造以适应新时期的要求。中国画市场也处于低迷状态，很多画铺关门或者改业，一些以画中国画为生的画家甚至无法维持生计。

中国画也成为改造的对象。《人民美术》杂志上曾经刊发系列文章，谈论中国画改造问题。画家李可染、李桦先后发表《谈中国画的改造》《改造中国画的基本问题——从思想的改造开始进而创作新的内容与形式》等文章。

在中国美术学院《校史简述》中，记载了当时国立艺专正在发生的教育改革："学校增加了一批来自老解放区的教师，这就为贯彻新的艺术教育方针提供了师资保证。此后，即以老解放区延安鲁迅文艺学院美术系和华北联合大学文艺学院美术系的美术教育经验为基础，对国立艺专原有的教学进行改造，推行新的艺术教育方针。"

为了推行教育改革，教育部调派江丰前往国立艺专，主持教育改革的工作。

著名版画家江丰

江丰原名周熙，著名版画家。他曾在上海"白鹅画会"学画，1932年和艾青、于海等开办"春地画会"。1938年，他奔赴延安，负责编辑《前线画报》，后任鲁迅艺术学院美术部主任、陕甘宁边区政府文化委员会委员、八路军后方留守兵团文化委员会委员、陕甘宁边区美术界抗敌协会主席。抗日战争胜利后，任华北文艺工作团政委，华北联合大学文艺学院党委副书记、美术系主任，晋察冀边区党文委委员。

1949年，江丰在国立艺专举行的一次国画改革研讨会上说："中国画，不能反映现实，不能做大画，必然淘汰。将来定有世界性的绘画出来。油画能反映现实，能作大画，是有世界性的。"潘天寿在台下听了之后，惊出一身冷汗，并表示了反对。

然而个人之力怎么能抵得过大的趋势，在当时的政治环境下，中国画被认为无法服务于政治，不可避免地要进行改造。

教育改造在国立艺专如火如荼地进行。1950年，国立艺专更名为中央美术学院华东分院，担任副院长的江丰一进院就约谈了潘天寿："以后不要画山水、花鸟了，改画人物画。"

在"文艺为政治服务"的大方针下，画家画什么都是要服务于这个目标。根据学校的指示，潘天寿等国画家被要求跟着西画老师学素描、彩墨画。在一份"1953年教研室夏季工作计划"中提到，由潘天寿、吴茀之两位先生每月负责绘制人物、山水、花卉的画作，为将来彩墨组成立做准备。

潘天寿也尝试过"自我改造"，以适应当时的文艺环境。他跟着师生下乡劳动，也创作了一些如《丰收图》《踊跃争缴农业税》《文艺工作者访问贫雇农》这样的宣传画风格的作品。学了一辈子国画的潘天寿，怎么也想不到到了这个年

1950年1月,潘天寿(后中)在杭州市郊三墩区义桥乡体验生活　　20世纪50年代,潘天寿(右二)出席美协会议

纪,还要"推翻重来",他不禁自嘲起来:"六十六,学大木。"

有人发现,向来提笔一气呵成的潘天寿,在作画时却一再涂改,他先用铅笔起草,反复修改,最后用毛笔工笔勾勒,这与潘天寿画国画时的那种酣畅淋漓形成了鲜明的对比。看得出来,他也在努力"自我改造",但依然有些跟不上形势。对于究竟该如何改造才能符合当下的形式,潘天寿是困惑的。

潘天寿在《自述》中,这样说:"到1956年和1957年,各地的大建筑,均蓬勃兴建,需要山水画和花鸟作品为装饰,需要花鸟的画件渐渐地多起来,例如杭州饭店的两张丈二匹的大画,就是1955年底叫我和吴茀之两人画的。我们想,多写生多画热闹些也是花鸟画创新,这样,我们也是为人民服务的。实在当时对花鸟画,各有各的说法,究竟如何画才合毛主席文艺座谈会谈话的方针,仍不是弄得很清楚的。"

但即便他做了妥协,也依然改变不了被边缘化的命运。教育改造的结果,就是中国画的老教授被从授课名单上画掉了,无课可上的老教授就像"落伍跟不上时代"的中国画一样,被安排到民族美术研究室,负责整理"民族艺术遗产","老"教授只能跟"老物件"打交道。

潘天寿被任命为研究室主任。在一份1954年2月10日华东行政委员会文化局批复的中央美院华东分院的文件中可以看到当时的这个决定:1953年12

潘天寿作品《晚风荷香》

月7日杭美字第2887号报告所拟编制等材料业经中央文化部批准，同意下列人员调动，潘天寿教授兼任研究室主任。

和潘天寿一起调到研究室的还有老友吴茀之、诸乐三。即使是坐"冷板凳"，在研究室，他们三人依旧不忘为国画做专业建设。研究室的工作比较清闲，他们就到社会上去挑选、收集散落在民间的历代书画作品。

吴茀之的女儿吴耀先说："那个时代的古书画，价格几乎等于废纸，父亲和潘先生经常光顾字画市场，家里也时常有人带着古画来请他们鉴赏。"

这几个人个个都是中国画高手，慧眼识珠，淘到了很多历代名家的真迹作品。每次淘到珍品，他们如获至宝，拿到研究室里仔细地清理后，将其分类造册，装裱修整。

可以说，潘天寿等人在研究室的这几年里，极大地充实、丰富了学院的名家收藏，为教学提供了充分的直观教材。民族美术研究室1950年创立，到1957年恢复中国画系的这七年里，研究室收藏的古画资料在全国美术院校中是首屈一指的，这也为日后国画系的恢复，并形成有全国影响力的重点学科打下了基础。而这一切，潘天寿等人功不可没，潘天寿还把自己几十年来收藏的一些书画名家的珍品贡献出来，供院系教学所用。

潘天寿、吴茀之等人那些年里收集和积累的古画，大大地便利了中央美院国画系的教学工作。时任中央美院国画系主任的著名画家吴山明曾十分感慨地说："正是他们那几年对古画的研究，使得我们学院收藏了近千幅珍贵古画。学中国画是需要不断临摹的，老先生给我们留下了最宝贵的学习财富。"

据潘天寿的学生，后来做过中国美术学院院长的肖锋回忆，潘天寿曾经跟他们说："我是跟不上这个时代了，但有一条我始终要坚持的，中国民族的艺术不能在我们手上断根。"正是凭着这个信念，即便是在"坐冷板凳"的日子里，他把个人的境遇放在一边，只想为国画教学做准备，因为他坚信，有朝一日，国画终将证明自己的价值，在中国美术界拥有自己的一席之地。

《潘天寿传》一书的作者卢炘说，当时很多报中央美术学院华东分院的学生，都是奔着研究室的这些资料来的。当时受到条件的限制，美术馆不对外开放，许多学画的学生学了多年的画，却没有机会看到倪云林、王蒙、董其昌等画家的真迹，因为这些在当时是极为稀有罕见的。

一年之后，潘天寿终于复课了。但是这次重返讲台，他高兴不起来。

1954年，中央美院华东分院设立彩墨画科。从课时安排来看，以素描、彩墨画为主，中国画论仅有三十八个课时，完全是作为一个补充而存在的。潘天寿被安排在彩墨画组，授课时间很少。1955年上半年，潘天寿一个学期只在彩墨画科开设了一门书法课，课时只有二十八小时，下半年没有开课。

曾经的杭州艺专国画系主任、国立艺专校长，却被排除在主流之外。五十八岁，正值壮年，却不被允许走上讲台，潘天寿的内心是非常苦闷的，只能在自

潘天寿作品《花卉双鸟》

己的画中抒发胸臆。正所谓"失之东隅收之桑榆",他的绘画创作在这个时期实现了新的突破。

1955年,潘天寿与吴茀之、诸乐三一行九人到雁荡山写生。位于浙江温州东北部的雁荡山素有"海上名山、寰中绝胜"的美誉,其以雄浑奇秀吸引文人纷至沓来,也是很多画家笔下的题材。一般人画雁荡山,都是坐下来对着景,试图画出雁荡山磅礴大气的全貌。而潘天寿则不同,他喜欢四处走,走走停停,似闲庭信步,就像走在老家的雷婆头峰上一样,看起来漫无目的。他的一位同仁回忆说:"潘先生与别人的写生不同。他不拿毛笔对景写

20世纪50年代，潘天寿与国画系学生在杭州景云村寓所

生，最多用铅笔记一点具体的形状。他更注意的是雁荡山局部的花草、石头，用极其概括的笔墨在画面上表现出来。"

回来之后，他一气呵成创作了《灵岩涧一角》，这是他创作生涯中具有转折意义的一幅作品，在当时"文艺服务政治"的背景下，潘天寿通过深入生活，探索出一条通向国画的新道路。这幅作品实现了几大突破：一是突破了传统山水、花鸟画的构图，以山水的局部为着眼点；二是着眼的题材从花鸟转向山间的野草花卉。为了顺应当时文艺审美的要求，潘天寿在这幅作品中也做了一些"妥协"，他没有着重表现传统山水花鸟画的"孤""寒"，而是一派欣欣向荣的面貌。

在这以后，雁荡山成了潘天寿非常重要的艺术创作题材。在2017年浙江美术馆举办的"民族翰骨——潘天寿诞辰一百二十周年纪念大展"中，专门设立了"雁荡山花"板块，在他的雁荡山作品中，不经意间就会发现许多容易被人忽略的雁荡山元素，例如他的一幅《雁荡山花》中，就表现了六种雁荡山的野花。

潘天寿纪念馆原馆长卢炘曾做过一个统计，潘天寿的作品中一共出现过二十多种花，其中有十五种出自雁荡山。潘天寿曾说"雁荡山的野花是特别有生

潘天寿作品《小龙湫下一角》

命力的",也许这正是他内心的一种投射。一个乡间少年,通过自身努力成为一代国画家、教授,在中国画的价值不被认可的年代里,他就像雁荡山上一株无名的野草,顽强生长。

第二节

中西画分科

　　1955年,潘天寿在一次大会上作了名为《对于文艺思想的体会》的发言。他坚持自己一贯的观点,认为"要创作中国民族的新文化,一定要研究继承过去遗留下来的文化遗产,重视发展民族形式,强调要'真诚、坚毅、虚心、细致'地研究古典艺术"。

　　有意思的是,当时的文艺政策开始悄然地发生变化,潘天寿的发言切中了当时的发展脉搏,很快他迎来了艺术领域的春天。

　　1956年,文艺政策开始发生转变。中央在文艺上开始"去苏联化",摆脱苏联模式的影响,走一条"中国式的道路"。在这个大背景下,是年4月25日,毛泽东在中共中央政治局扩大会议的总结发言中,首次提出"百花齐放、百家争鸣"的双百方针,在这个双百方针的指导下,中国画才得以在一个较为宽松的环境里,获得了发展的空间。

在这个时期,中国画的恢复几乎是与对过去几年里"全盘西化"的否定同时进行的。

1957年11月,中央美术学院华东分院彩墨画系副主任邓白拟就了《呈请改彩墨画系为中国画系》的报告,由院务委员会常委成员潘天寿、黎冰鸿、高培明等人联名签字后,报送高教部和浙江省委宣传部、省文化局,要求恢复国画系。

一切都十分顺利,1957年12月彩墨画系得到教育部批复,同意将彩墨画系改为中国画系,这不只是一个简单的名字的更改,它是在中国绘画史上具有里程碑意义的大事件。

1957年,潘天寿以中国美术学院副院长的身份,搬进了景云村一号,这里原先是中国美术学院的宿舍,它外面的青砖围墙与中央美术学院是连在一起的,走进去,可见院子里的墙上爬满了绿油油的爬山虎,广玉兰开得正茂。潘天寿搬进去的时候,中国画正面临着前所未有的衰落,也正是在这栋小楼里,他坐在书桌前花了大量的时间和精力制定出一套迄今为止影响最大的中国画教学体系。为了搭建起中国画系的完整框架,他组建了由老年、中年和青年三个年龄段组成的教师队伍,为中国画系搭建起一个全新的教学框架。每位教师都各有所专,例如顾坤伯专攻山水,方增先主攻的是人物、构图,诸乐三擅长花鸟、篆刻和书法……这个由老中青教师构建起来的强大的师资团队撑起了潘天寿中国画系的架构。大概是觉得荒废了太多的日子,潘天寿总想在课堂上把"失去的几年"找回来,仅1958年一个学期的课时量就达到了三百八十一课时,他也就此步入了在美术教育上的黄金时期。

这是潘天寿特别开心的一段时光,他恢复了教学工作,重新走上了讲台,

1958年5月,潘天寿在杭州接受苏联艺术科学院名誉院士称号

1959年,潘天寿(右)、吴茀之(中)、谢海燕(左)合影

中国画系在他的主持下,也逐渐有了他设想的面貌。

中央美术学院教授吴永良回忆起潘天寿上课时的模样说:"他每次上课,说法非常清晰,说话节奏不快,典型的宁波口音。"潘天寿上课有个习惯动作,右手撸撸头,抓抓头,然后左手抓抓右手,讲话慢条斯理的,给学生十分亲切的感觉。后来有学生发现,潘天寿有"抓头"的习惯,每当他伸手抓头时,那是他在思考问题。

对于中西画的对比,潘天寿在1957年撰写的《谈谈中国传统绘画的风格》一文中用"两大高峰"来形容:"世界的绘画可分为东、西两大系统,各有自己的最高成就,就如两大高峰,对峙于欧亚两大陆之间,使全世界'仰之弥高'。而中国的绘画,实处东方绘画系统中最高水平的地位,应该'当仁不让'。"

他在1960年完稿的《听天阁画谈随笔》中指出:"中西绘画,要拉开距离;个人风格,要有独创性。时代思潮可以有世界性,但表现时代精神的艺术作品,形式风格还是越多样越好。"

这个艺术主张的形成,与潘天寿成长的历史背景有莫大的关系。在他的国画艺术生涯中,他看到五四运动以来中国画在"西风东渐"的潮流中,受到西画

潘天寿作品《无限风光》

的挤压而一直得不到重视，甚至连文艺界人士也大多对中国画持轻蔑与批判的态度，给中国画艺术的传承带来了障碍，造成了中国传统艺术的萎靡不振。这种现象一直延续到新中国成立以后，在究竟该如何对待"中国画"的问题上，整个中国画坛走了很多弯路。

作为一位终其一生都在钻研中国画艺术和中国画教育的画家、教育家，潘天寿对中国画有十分透彻的理解，他认为中西画的创作是两套完全不同的体系，中国画不以西画的比例、透视等技巧搞创作，而是以书法的线条为基础，重视表现人的思想情感、哲理。

潘天寿的一生，都

在致力于构建中国画的完整体系,并努力将其付诸实践。到他人生进入花甲之年,他的思考也渐趋成熟。当他看到自己对于中国画教育的设想都一一成为现实后,就萌生了"解甲归田"的愿望。

1959年,中央美术学院华东分院改名为浙江美术学院后,潘天寿出任院长。被委以重任之后,他专心学术研究和创作的梦想就此搁置了,更多的精力和时间都投入到将他长期思考的中国画艺术教学付诸实践上,开始实施他的教学主张。

第三节
人物、山水、花鸟分科

中国画一直以来都有十分明晰的分科，近代以来通常分成人物、山水、花鸟三大科，而其中又以山水、花鸟画为重，原因就在于山水、花鸟画在抒发个人情怀方面有更大的拓展空间，尤其是山水画，能体现出中国传统哲学"天人合一"的思想，因此备受历代文人墨客的喜爱。相对而言，人物画的功能就要弱一些，因此人物画在历史演变中逐渐由兴盛走向衰落。

对潘天寿而言，这种分类在他开始学画时就借由《芥子园画谱》牢牢地刻在他的脑海里。翻开《芥子园画谱》，先是山水画，紧随其后的是兰竹梅菊、花卉和翎毛，最后一章才是人物，从这个排序中，也可以看出山水、花鸟画的地位是优于人物画的，这一点，潘天寿在对着《芥子园画谱》临摹的时候已有所察觉。

20世纪60年代初期，许多美术学院都已经恢复了国画系，但是国画系的设置依然摆脱不了时代的特点，以人物画为主，画得大多是农民、工人或者伟人，而原本排在人物画前面的山水、花鸟画，只是成为人物画的背景和点缀。当时在很多宣传画中都会看到这样一幅画面：老农民手里拿着镰刀或者锄头在地里劳作，脚边有几株小花、小草，远处的背景是山峦。

潘天寿认为这是一个挺大的问题：如果把山水和花鸟都变成背景，实际上它们是不能得到独立发展的，也就无法形成独立的学科。

在其前期探索的教学体系的基础上，潘天寿认为，十分有必要将山水、花鸟和人物分科，还"山水""花鸟"画的独立性。早在1957年11月，他就草拟了一份《中国画系分科计划草案》，初步形成自己的观点。

潘天寿作品《花鸟》

潘天寿作品《花鸟》

1961年4月,潘天寿在北京参加"全国高等院校文科教材会议"时,在发言中明确地提出"山水、花鸟、人物"分科的主张,他说:"(中国画)要发展,就得造就人物、山水、花鸟的专门人才……三科的学习基础,在技术方法上,各有它不同的特点和要求,各有它不同的组织和布置等等。"

他指出,人物画在唐代以前就已经达到很高的水平,完成了人物画的独立体系,在初唐以后,山水、花鸟画也开始日臻完善,形成与人物画并行的独立体系,这三科至今已经有上千年的历史,有极大的成就。要发展三科,就要打造专门人才。

潘天寿还在发言中列举了分科的几大要点:一是可使学习的青年对于三画科随自己的爱好做自己的选择;二是学画青年选定某一种以后,在思想上有个专一的目标,不致杂乱;三是在专一的目标下,便于进行与专业有关的辅助科目,先后轻重,有条不紊;四是各科各课程在教学的时间上,有主次轻重的适当比例及安排;五是在进行教学上,便于不同的设施与不同的指导。

他在会上的提议引起了争议和质疑。最后他决定在浙江美院进行试点,他还从上海请来了山水画名家陆俨少,这在美院

潘天寿作品《鱼乐》

潘天寿作品《小亭枯树》

的山水画教学史上具有里程碑式的意义。陆俨少与黄宾虹、李可染并称"当代山水三杰",字、画、诗皆为上乘,深得曾经的上海市市长陈毅的赏识。不过陆俨少为人心直口快,在1957年,他"因言获罪",被打成"右派",成了上海画院的"编外人员"。

1961年,浙江美院实行"山水、花鸟、人物"分科之后,潘天寿四处物色各科老师,一直没有合适的人选。有一次潘天寿无意中在绘画系一名上海籍学生姚耕云那里看到一部"杜诗册页",上面的诗、画、书法皆为上品,他顿时眼前一亮。一打听才知道姚耕云在上海画院进修时师从陆俨少,册页乃陆俨少相赠,里面的诗、画及书法是他在抗战时避难蜀中所作。

潘天寿想聘请陆俨少来浙江美院任山水画教师,但是他遇到一个难题——他的老同学丰子恺提醒他,陆俨少可是个"右派"。潘天寿求贤若渴,他找陆俨少的友人打听了一圈后,知道他虽然为人心直口快,但光明磊落。"人品好,我就放心了。"潘天寿如释重负。

在他的竭力争取下,浙江美院党委

潘天寿作品《微风燕子》

1961年,潘天寿在杭州景云村寓所止止室作画

批准聘请陆俨少担任国画系山水画老师。陆俨少提出了"四分读书、三分书法、三分作画"的理念,认为学生学山水画,功夫在画外,在他的倡导下,浙江美院的山水画教学内容极大地丰富了,学生除了临摹经典作品之外,还利用课余时间临帖、阅读大量文艺作品。

画家徐家昌1961年考入浙江美院中国画系,专攻花鸟专业,正好赶上浙江美院试点"山水、花鸟、人物"分科,他进校三个月就开始了分科学习,进行严格的基本功训练。据说,"文革"结束之后,中国美术学院在招研究生时,导师陆抑非在选学生的过程中,格外青睐分科教学后最早几届的毕业生,因为这些学生的基本功都特别扎实。

在评价潘天寿"山水、花鸟、人物"分科的意义时,潘公凯认为,潘天寿播下了一颗"种子"以避免中国画的断层。在改革开放以后,山水、花鸟画等很快繁荣起来,很大程度上正是得益于潘天寿当年播下的这颗"种子",培养了众多山

1962年潘天寿与郭沫若相聚于杭州，切磋画艺

1962年，潘天寿（中）与浙江省美术家协会同志探讨画艺

水、花鸟画的人才。

  画家姜宝林1962年考入浙江美术学院国画系，院长正是潘天寿。当时潘天寿在给高年级学生上课之余，还经常在浙江美术学院的学生食堂举办艺术讲座，丰富学生的知识。在姜宝林的印象中，潘天寿衣着朴素，夏天常见他穿着一身白衣服，手里拿着一把大芭蕉扇在校园里走过，丝毫没有校长的架子。

  这点潘公凯也曾提及："印象中，父亲虽然身为校长，但丝毫没有架子。他不愿意坐学校为他配的汽车，每天步行上班，喜欢穿圆头布鞋，有一次跟美院的保卫站在一起，不认识他的人还误以为他是保安。"

  潘天寿常挂在嘴边的一句口头禅就是："关起门来做学问。"言外之意，艺术是寂寞的，要远离繁华和喧嚣，沉下心来，才能真正做出学问。

第四节

中国第一个篆刻专业

在浙一师期间，校长经亨颐一直主张中国画不必拘泥于"三绝"，而必须"四全"，所谓"四全"就是诗、书、画、印融会贯通，因为这四者之间是同源异流，只有融会贯通才能相得益彰。

潘天寿诗、书、画、印皆有很深的造诣，尤其是在书法上，早年深受老师经亨颐的影响，临《二爨》，苦练书法，这同时也滋养了他的绘画和篆刻创作。书法家余任天说："没有潘天寿的书法，就没有潘天寿的绘画。"

正是因为深刻体会到"诗书画印"之间的关联，潘天寿一直也以此来要求和培育学生，要求学画者必须研读古书、习书法，不能有所偏废。

1962年，潘天寿与吴茀之在黄山合影

但进入20世纪60年代后，随着汉字简化和硬笔书法的推广，许多学校都取消了传统书法课程，学习书法的人越来越少，眼见着书法这门传统艺术将要被人们所遗忘，书法艺术人才将出现断层，这让潘天寿产生了深深的危机感。

1962年，在文化部召开的"全国高等艺术院校教材会议"上，潘天寿在谈到国画系基础课程设置时指出："现在学国画的学生，不会在自己画上题字，这简直是笑话……国画系不但要学书法、篆刻，而且应该列为必须课。"在他的倡议下，这次会议决定，全国的美术院校国画系都要设立书法、篆刻课程。

次年夏天，潘天寿作为中国书法家代表团成员，随团访问日本。在日本期间，他发现，书法在日本的受欢迎程度令中国人汗颜。日本人把书法作为传统与时尚的象征，有近六分之一的日本人在练习汉字书法。在日本的教育体系中，学生从小学开始直至大学，都要上书法课，日本每年还组织各种书法艺术大赛，以鼓励国民学习书法。

传统书法"内冷外热"的现象让潘天寿产生了紧迫感，他认为设立书法专业已经刻不容缓，否则中华民族延续传承了几千年的书法艺术，很有可能会被日本人超越。回国后不久，潘天寿来到陆维钊位于杭州韶华巷59号的家中，与陆维钊商议在浙江美院开设书法专业的事宜。

Pan Tianshou

陆维钊是知名的书法家，在结识潘天寿之前，在杭州大学中文系任教。有一年，陆维钊的一幅山水画参加"杭州市群众迎国庆美术作品展"，恰巧潘天寿与吴茀之、诸乐三等人结伴游西湖，在三潭印月举办的画展上看到了陆维钊的作品，惊叹不已。潘天寿四处打听后，得知作者是杭州大学中文系副教授陆维钊，就去杭州大学把陆维钊请到浙江美院任教。

陆维钊

陆维钊与潘天寿有着相似的经历和感受。作为西泠印社的成员，他曾经接待过日本的书法代表团，其中一位书法家西川宁给他留下了深刻的印象。西川宁是个中国通，他的老师河井荃庐是吴昌硕唯一的日籍弟子。受老师的影响，西川宁对中国古汉语和文字学有很深的研究，每次到中国他都是带着问题而来的，但是在北京、西安、上海等地请教了很多人均没有得到答案，直到他遇到陆维钊。陆维钊从西川宁的中国书法专业程度和对中国书法的执着精神中，也感受到了日本人对于汉字、书法的热爱和投入。

陆维钊的儿子陆昭怀是那次商谈的旁听者。他的记忆中，潘天寿和父亲商谈了两个多小时，两人最终达成共识，相约在有生之年一定要培养出一批有质量的书法教育接班人。潘天寿还将筹建篆刻、书法专业的重任交给了陆维钊，两个人之间因此展开了一段有意思的对话。

潘天寿作品《松石梅月》

1963年，潘天寿给国画系花鸟班学生上课

陆维钊谦让说："我不是第一流书法家，恐怕不妥。"

潘天寿回答说："也绝不是第三流书法家，不要客气了。"言外之意，陆维钊至少也是"第二流"的书法家，对于这个评价，陆维钊欣然接受。

中央美术学院教授刘江参与了浙江美院书法专业的筹建工作，他在《中国第一个书法专业是怎样建立起来的》一文中记录了整个筹建过程：潘天寿要求筹备组成员做各课教学大纲，并指出："教学大纲与教学计划的制定，应由有教学经验的老教师亲手起草才对，不能由没有教学经验的助教代劳。"

1963年夏天，一切准备就绪，浙江美院正式成立书法刻印科，与国画系的人物、山水、花鸟三科并列，这也是中国第一个书法篆刻专业。陆维钊为科主任，刘江兼秘书，授课的老师有朱家济、陆维钊、章祖安、诸乐三、沙孟海、潘天寿、陆俨少、吴茀之等，潘天寿要求书法专业的学生要"七分读书、三分写字"，练习书法，三分在练字，七分在阅读。

新成立的书法篆刻专业虽已准备就绪，但处在试办阶段，没有对外公开招生，院系决定从浙江美院附中的毕业生中挑选几名学生直接录取。

金鉴才是被挑中的学生之一。那年他刚从浙江美院附中毕业，本来想报考中国画系的花鸟科，不巧那年山水、人物、花鸟三科都不招生。他找到老师吴茀之，想听听老师的建议。没想到吴茀之建议他报考刚刚成立的书法篆刻科，他一听直摇头，"学书法多单调无聊啊"。这时潘天寿也来劝他，告诉他："你现在不想学书法，我倒是怕你学了书法以后不想画画呢！"听了潘院长的一番话，金鉴才选择了书法篆刻科，成为我国书法篆刻专业的第一届学生，和他一起被选中的还有后来成为书法家的李文采。

1963年，潘天寿率领中国书法家代表团赴日本访问，远处为日本富士山

所以当时浙江美院的书法专业的师生，是由将近二十位在书法篆刻领域的顶尖的艺术家和两名学生构成的。即，10:1的师生比例，可见潘天寿等人对这个专业的重视程度。

潘天寿在面对首届书法专业的学生时，曾这样说："我接受这副担子，都不是因为兴趣。这是国家交给我们的一个任务，是为国家培养接班人的，对我们这些老先生来讲，叫作责无旁贷。"

刘江回忆说，1964年上半年，国内刮起一阵批判"只红不专"的风，以为贯彻"高教六十条"而进行的正规教育是过"右"了，社会上有一种声音，认为书法刻印这个专业是"复古"，完全是"封资修"的产物，甚至还有人动员书法专业的学生转专业。

刘江在《中国第一个书法专业是怎样建立起来的》中提到，潘天寿得知消息后十分生气，针对这种声音他反驳说："书法专业试办是文化部的意见，是有文件的，要撤销也要有文化部的文件来，不能随便拆散，是要办下去的。"

当时师生时不时下乡下厂劳动，耽误了不少课程。潘天寿就说，如果老师不能保证上课，他可以代课。当师生参加完下乡劳动返校后，他完全不顾外界各种唱衰的声音，逐一找师生谈话，了解试办一年下来的教学执行情况。

1964年，书法专业在试办一年之后，浙江美院书法专业正式公开对外招生，这次报名的有十多个人。潘天寿在上海美专教书期间，有一位来自浙江温州的同事，名叫方介堪，他负责篆刻教学，还曾撰写了不少介绍印章流派的文章，堪称篆刻方面的专家。浙江美院书法专业正式招生后，潘天寿还从温州把已经六十四岁的方介堪请过来，为学生教授篆刻。

潘天寿自己也给书法专业的学生上课。金鉴才记得，潘天寿自谦不懂草书，但是可以讲讲《草诀歌》。《草诀歌》是草书的启蒙，现存较早的是元刻的《草书百韵诀》，内容朗朗上口、浅显易懂，特别适合草书入门者。潘天寿讲课时，不光讲书中的内容，还旁征博引，包罗万象。潘天寿本来就精通诗、书、画、印，因此，他讲起课来游刃有余，举一反三。这也让金鉴才体会到，无论学绘画还是篆刻，都要提高综合修养。

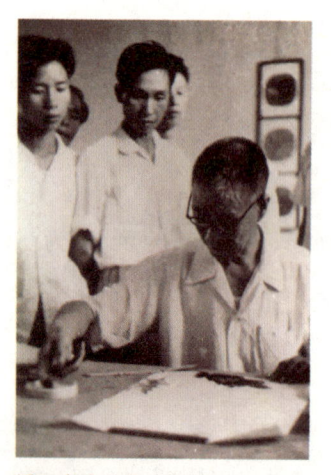

20世纪60年代末的潘天寿

潘天寿为学生示范指画

第五节

为中国画"正名"

潘天寿有一幅大画《鹰石山花图》,长 1.82 米,宽 1.41 米,是潘天寿"鹰石题材"的巅峰之作。潘天寿的存世作品不多,留存下来的都是精品。2015 年 5 月 17 日,这幅《鹰石山花图》凭借其珍稀性和殿堂级的中国画巨制,在嘉德春"大观——中国书画珍品之夜"拍卖会上,创下了二亿七千九百万元的天价,这也是潘天寿作品中拍卖价格最高的一幅。

《鹰石山花图》创作于 20 世纪 60 年代,是潘天寿艺术生涯的巅峰之作。这幅画有它的创作历史背景。中华人民共和国建立初期,中国画的价值不断遭到质疑,主要集中在三点:一是中国画不能反映现实,二是中国画不能画大画,三是中国画没有世界性。当时的美术界有人就公开表示,"中

潘天寿（摄于 1963 年）

国画不能画大画，不能为革命服务"，这些声音一直萦绕在潘天寿的耳边，激起了他内心的责任感，觉得自己有义务扛起为中国画"正名"的大旗。

1957 年，潘天寿撰写《谁说"中国画必然淘汰"？》一文，系统地对以上三个问题一一作了回应，同时也开始用行动来反击这些质疑声。这个时期，潘天寿正处在创作的巅峰阶段，创作了大量的巨幅中国画，《鹰石山花图》就是这个时期的经典之作。

中国画被认为"不能反映现实"，其原因在于：过去，传统的中国画是衣食无忧的上层社会人士的消遣品，这些人往往通过书法、绘画等艺术形式来抒发个人情感。因此，传统的中国画大多为小幅绘画，如扇面、立轴、横卷或者册页，都是古人可以拿在手上把玩的东西，很难看到像西方的巨幅油画那样的作品。一直以来，国画界都沿袭着这个传统，注重"小而精"，大多在卷轴、册页、小品上着力。画家几乎无人尝试过画大画，这也难怪会有"中国画不能画大画"的论断。

在近代，也有中国画画家尝试过画大画，比如张大千。20 世纪 40 年代，张大千第一次去敦煌临习壁画，被气势磅礴的壁画所折服，他第一次意识到，原来在古代，中国就有这么浩大磅礴的画作。这次敦煌之行给了他很大的震撼，冲击了他原有的中国画思想。从那以后，他不屑于文人的小资情调作品，觉得在小画中炫技的文人太小家子气，没有打破格局。他要挑战大画，其绝笔之作就是一幅长 10.8 米、宽 1.8 米以复杂技艺完成的巨幅大泼彩山水画《庐山图》。

画大画不仅是把画扩大这么简单，它不仅需要画家具备更高的素养，能够很好地构图并处理更多的细节问题，还需画家要有宽广的心胸和气概。这也是

Pan Tianshou 潘天寿

潘天寿作品《鹰石山花》

张大千

张大千作品《庐山》

为什么国画家画大画的人很少,像黄宾虹、傅抱石这些著名画家也很少画大画。

潘天寿画大画,不仅是他作为当时中国画的中流砥柱,自觉承担起对中国画的创新和发展的重担,更是他在技法、精神上日臻成熟的支撑,他彻底打破了有史以来花鸟画只能作为文人戏墨的小品,不能创作鸿篇巨制的局限。

在位于杭州南山路景云新村一号的家中,潘天寿每次画大画前,先在地板上铺上旧报纸和废宣纸,然后再把丈二的特大宣纸铺在上面,这时家人全都避退,以免打扰他的思路。潘天寿一边不停地研墨,一边构图,等到墨磨好了,图也构思好了。他蹲下去,用右手食指蘸上墨汁,在纸上推、勾、抹,石头、山、水、花、鸟依稀出现在纸上。

潘公凯在《飘散了的记忆——回忆父亲潘天寿》一文提及潘天寿画大画时的情形:"人眼的视域有一定的范围,纸太大了,人站在画上无法同时看到整幅画面,于是他就在画纸旁放上方桌,方桌上放上凳子,人再站到凳子上,从上面向下俯视,才能掌握全画的整体关系。有时,画面实在太大,他就搬来人字梯,爬到梯子上往下看。看的时候要爬得高,而画的时候却要蹲在纸上,画到细致的地方,往往还要横卧在纸上画才行。"

这样爬上爬下,不要说对于一位年近七十岁的老人,就算是年轻人,都是

潘天寿创作巨幅作品

极消耗体力的。但潘天寿坚持自己一个人完成所有的工作。杭州的夏天非常炎热，为了能够顺利完成画作，他会起大早，趁着早晨天气凉爽就开始创作。

松、竹、梅是中国画画家笔下常见的绘画题材，他们喜欢通过"岁寒三友"来表现人物的高洁和一身傲骨，但潘天寿的大画中，最喜欢表现的却是岩石、水牛、秃鹰等题材。

潘天寿画中那些巨大嶙峋的奇石被称为"潘公石"，有着和他的为人一样厚重、稳若磐石的气质。在构图时，不论画幅大小，潘天寿都喜欢从高处、远处、大处和最新处立意，致力于意趣的奇特。他有意把主要的东西放在画幅的边角上，在中间却留着大块空白。这种反常规的做法使观众一看画面就把注意力一下子集中到边角上，使主题更显新奇。如《正午》，即是一幅构思极其大胆的画作。熟睡中的猫儿被安排在画面的左上角，画面上虽然布满巨石，但由于猫的上面留下了空间，并不显得拥塞，右下角的蒲公英与左上角的猫遥相呼应，整幅画面有一种平衡感。

潘天寿画大画，喜欢画牛，他画的牛哪怕只是静卧在水中，也让人感觉到

潘天寿作品《耕罢》

水牛不经意间散发出来的凶猛和"霸悍",这靠的是他的笔力和画工。他的巨作《耕罢图》,两米的巨幅画,画面由"雁荡山花"和水牛相结合,水牛占到画面的三分之一,寥寥几笔线条勾勒出牛背后的巨石,巨石占据画面的三分之二。

潘天寿也画松,他创作了《劲松》《泰华赤松图》《百丈岩古松》等佳作。古人喜欢画松,因为自古以来,人们喜欢以松树的常青来比拟人的气节,象征着仁人志士的坚贞不屈,《芥子园画谱》中说"松如端人正士"。所以,古人笔下的松都是透着遗世孤寒,以展示人的高洁。

但潘天寿笔下的松,无论是构图还是笔墨,都突出雄浑的气魄,营造出一股扑面而来的浩然之气。这是潘天寿在继承前人的基础上,对中国画意境格调的突破,他摒弃了前人画松的清高孤寂感,而是展现出松的霸悍坚挺和铮铮傲骨,赋予了中国画新的精神面貌,这也是潘天寿创新和发展中国画的又一体现。

吴冠中曾说:"潘天寿的绘画是建筑,他的营造法则是构建大厦的法则,他的大幅作品是真正的巨构,中国国画家中,真能驾驭大幅者,潘天寿是第一人。"

Pan Tianshou 潘天寿

潘天寿作品《花鸟》

潘天寿作品《光华旦旦》

　　在潘天寿的黄金十年里，他创作了大量的巨幅画。他的最后一幅大画《腊月图》创作于1966年2月，那是一个乍暖还寒的春天，庭院中的花开得比往年迟了些。潘天寿像平常一样走进自己的画室，一边铺纸、研墨，一边构图，开始潜心创作这幅《腊月图》。

　　当时的政治环境已经是"山雨欲来风满楼"，而始终抱着"君子不党不群"理念的潘天寿，还没有嗅到空气中危险的气息，他更不会知道，这将是他此生画的最后一幅大画。

　　从1956年到1966年的这十年，是潘天寿创作的全盛期，在这个时期他创作了一批大气磅礴、苍古高华的大幅国画。2017年5月，在北京中国美术馆举办的"民族翰骨——潘天寿诞辰一百二十周年纪念大展"上，一共展出了他的一百二十余件作品，其中以尺幅巨大的画作为主，几乎难以找到小尺幅的作品。在美术馆圆厅最中央，悬挂着《光华旦旦图》，这幅画长7米，宽3米，这是潘天寿存世最大的一幅画作。

第六章

悲惨的晚年

BEICAN DE WANNIAN

潘天寿带着一身傲骨和不屈,过早地离开了这个世界。直到潘天寿去世之后,他对中国美术界的贡献才得到肯定。

百年巨匠

第一节
"文革"遭难

在时代大背景中,个人难以主宰自己的命运。

正当潘天寿享受着他那喷薄而出的创作力时,"文化大革命"开始了,为他十年的创作黄金期画上了一个句号。

一生不随大流、"不党不群"的潘天寿不可避免地受到影响,他被从画室拖到了牛棚,扣上"文化特务"的帽子,反复批斗。在他人生的最后几年里,他遭受了极大的不公,被折磨得满心满身皆是伤。最终他带着一身傲骨和不屈,过早地离开了这个世界。

直到潘天寿去世之后,他对中国美术界的贡献才得到肯定。

潘天寿作品《烟雨蛙声》

正当潘天寿眼看着自己对中国画教育的追求都一一实现，他的创作和社会地位也进入人生巅峰时，1966年，"文革"开始，潘天寿不可避免地被卷入到这场政治风波中。

"文革"开始后，浙江美院的红卫兵掀起了"打潘战役"，以"反动学术权威""牛鬼蛇神"的罪名对潘天寿进行了批斗。

造反派把浙江美院后面的仓库改成"牛棚"，潘天寿就被关在这个牛棚里，和他关在一起的有姜宝林、周昌谷、王德威。他们每天除了参加劳动之外，剩下的时间就是在造反派的主持下，进行自我检讨和互相批判。

姜宝林在纪念潘天寿的文章《回忆潘天寿先生》一文中说，"那时候人人为了自保，氛围十分压抑，关在一起的人之间互相检举、揭发是常有的事，但是潘天寿不管他人怎么揭发，他从来不反驳，也不揭发对方，始终保持着文人的气节和风度。有时候红卫兵在批斗他的时候会逼问他自己到底犯了什么罪，潘天寿被逼急了，就编个理由，说自己绘画创新不够，结果招来一顿毒打"。

有人被关押一个月就被放出来了，而潘天寿这一关就是五年，他人生中最后的岁月都是在牛棚和无休止的批斗中度过的。

潘天寿作品《葫芦菊花》

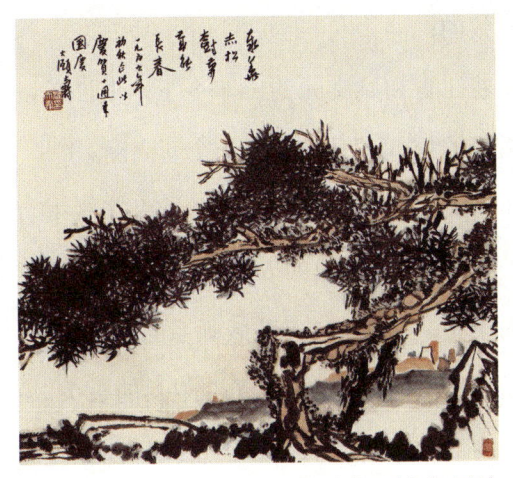

潘天寿作品《泰华赤松》　　　　　　　潘天寿作品《雁荡山花》

　　浙江美院的造反派到北京汇报在美院取得的成果时，江青和姚文元听到潘天寿的名字后，突然发话说，这个潘天寿画的秃鹫就是他阴暗特务心理的写照。姚文元还撰写了一篇长文，批判潘天寿的画充满了对现实的不满、对新社会有刻骨的仇恨。说他是特务，其理由是他在担任国立艺专院长时期，与国民党的教育部长陈立夫有过交往。

　　于是一顶新的"文化特务"的帽子又被扣在潘天寿头上，他遭到了更为激烈的批斗。

　　秃鹫是潘天寿绘画中比较特殊的题材，潘天寿喜欢画秃鹫，尤其喜欢用指墨画来刻画秃鹫的英姿飒爽。他画中的秃鹫都不美，甚至有些丑陋，但是却是有力量的。没想到，这成为他在"文革"时期遭到批斗的原因。

　　1929年，西湖博览会在杭州西子湖畔召开，在博览会展出的珍禽异兽中，潘天寿被装在笼子里的秃鹫所吸引，他惊讶于世上竟会有这样一种空中霸主，并不俊美的外在透出一种霸气，他围着笼子观察了很久，发现在秃鹫丑陋的外表下似乎隐藏某种的欲望和力量，回去后便画了一幅《秃鹫》。其实，潘天寿之所以对秃鹫情有独钟，与他一直以来所坚持的"强其骨""一味霸悍"的艺术主张是一致的。

随着江青和姚文元的一声令下，浙江美院对潘天寿的"斗争"又掀起了一个新高潮。

让潘天寿颇为痛心的是，他一辈子教书育人，没有想到在斗争他的人当中，斗得最狠的竟是他的学生。当年浙江美院版画系的一名学生，毕业后不久，在"文革"中成了红卫兵的头头，后来又成为浙江省最大的"造反"组织"省联总"的负责人。这让目睹了红卫兵批斗潘天寿的陆维钊十分心寒，他曾经愤愤地说："哪有这样的学生？这辈子我决不招研究生！"

潘天寿本来是有机会躲过这一切的。1949年中华人民共和国成立前夕，国民党要员逃离大陆时，有人问他要不要出去避一避。当时潘天寿已经辞去国立艺专校长职务，潜心创作，他拒绝了别人的好意："我又没有做过亏心事，为什么一定要逃呢？"

然而，正是因为他的"不做亏心事""坚持自我"，才让他在"文革"中招来巨大的灾难，遭受了比其他画家更大的苦痛。

在"文艺为革命服务"时期，有许多画家都选择使自己的艺术风格适应新的社会形势，比如有的画家会在自己的画中增加一些象征性的图案，例如鸽子、镰刀等；或者在自己的山水画上题写一些恰当的文字来赋予梅、兰、竹、菊等

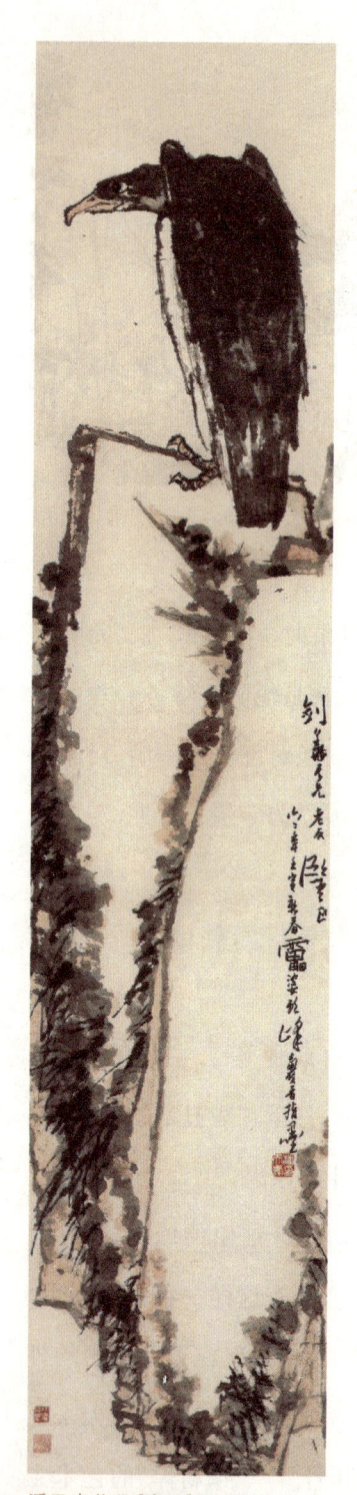

潘天寿作品《鹰石》

Pan Tianshou 潘天寿

潘天寿作品《旧友晤谈》

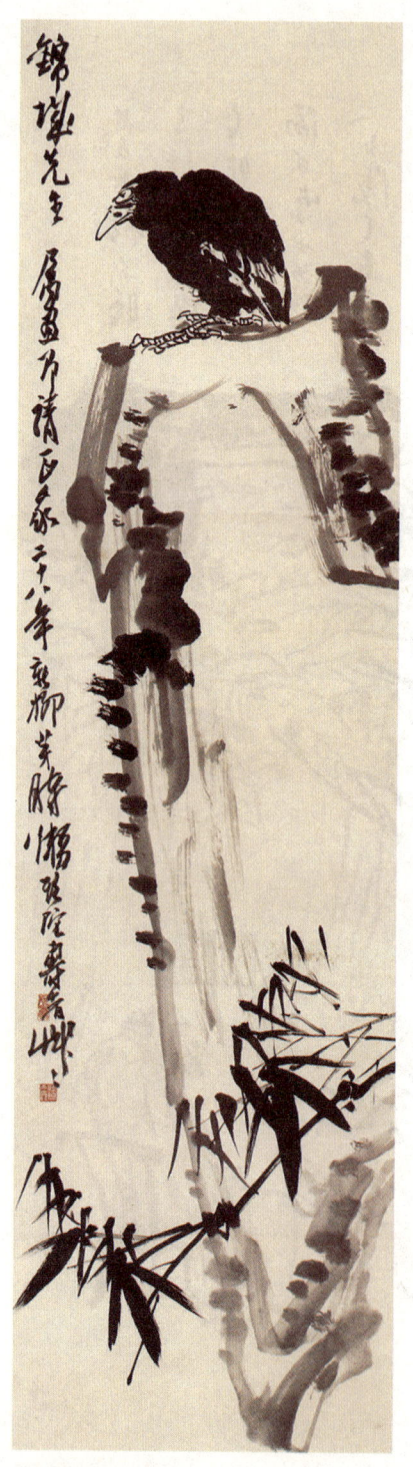

潘天寿作品《花鸟》

以丰富的意义和内涵；也有的画家根据当时形势的需要，彻底改变了自己的绘画风格。

而潘天寿对政治形势几乎没有做出任何回应，给人一种不愿意妥协的态度。虽然这个时期他的绘画风格也发生了变化，但更多的是自己风格的自然演变，而非对当时政治形势的妥协与迎合。

自从他被关进了牛棚，释放就变得遥遥无期。年复一年，春去秋来，整整三个年头，对他的批斗非但没有停止，反而升级了。

那个时候，潘天寿的名字在报纸、广播、大字报、大标语、漫画以及各式各样的小报、刊物上出现，前面都冠着一个"文化特务""反革命画家"的大帽子。潘天寿在杭州的家被抄得底儿朝天，他的作品也被造反派洗劫一空。据说他们从潘天寿家里抄走的珍贵书画文稿有六七车，连笔墨纸砚也抄了去，最令人惋惜的，是恩师吴昌硕的《读潘阿寿画山水障子》也被造反派抄走了。他的作品被列入"黑画"名单，被人毫不留情地在上面打上各种标记，踩上一个个鞋印……

那些曾经被广为赞誉的作品,如今都成为他"文化特务""反革命画家"的罪证。他笔下"高华绝伦、造诣独绝"的苍鹰,变成了"阴险"的怪物;"强悍有力"的水牛,被斥为"懒牛"。

家里的妻儿也未能幸免,他们位于景云新村一号的家被查封,一家人只能蜗居在一间小屋子里,何愔每天天刚蒙蒙亮就要出门去清扫大街,直到潘天寿得以平反后,这里才恢复了原貌,修建成潘天寿纪念馆。

据中国美术馆馆长许江介绍,如今中国美术学院每年新生的第一课,就是去参观潘天寿纪念馆。

在潘天寿纪念馆的陈列室里,至今保留着潘天寿在住"牛棚"时给妻子的信,依稀能够勾画出他当时的生活状态。

在一封落款日期为1969年4月13日的信中,潘天寿写道:"愔,天气热起来了,蓝布帽、单衬衫,你下次来时,可带来,脚肿退些,但总是退不完,不知什么原因。"这年潘天寿七十二岁,住进牛棚三年,每天除了劳动还要参加各种批斗,身体状况每况愈下。

1969年农历八月二十四,中秋已过,天气转凉。潘天寿在给何愔的家书中写道:"愔,天气慢慢凉起来了,丝绵背心可送来,以备应用。你身体好些否?我真挂念,我们都老了,风烛残年,真须自己当心呀!"这一年,潘天寿已经在牛棚里度过了第四个中秋。

即便如此,潘天寿的文字里,也只透出克制和温和,不见怨恨。"文革"中,潘天寿常常被造反派拉着游街、示众,他都不曾表露出强烈的怨恨。他曾对朋友说,"'文革'是一场灾难,和自然灾难一样,是无法预期和无法控诉的"。他担心的不是个人命运,而是国家和年轻人的未来。

在那个朋友之间互相揭发,甚至连夫妻、父子之间都互相举报以求自保的年代里,潘天寿身边剩下的朋友已经越来越少。造反派知道吴茀之与潘天寿是挚友，就强迫吴茀之出来揭发、批判潘天寿，吴茀之不说，就被拉着和潘天寿一起游街、挨批斗。吴茀之不怕受连累，宁可陪着潘天寿挨批斗，两人在一起，还可以互相照顾，互相勉励，总比一个人挨批要更容易挨过去。

有一天，有人要拜访正被造反派控制的潘天寿夫妇。潘天寿想来想去也不知道，在这个时候还有什么人会来拜访他，一见面发现是在国立杭州艺专时的学生李寄僧，当时他叫李继生，是班上最小的学生。潘天寿对他照顾有加，还和他聊宗教、绘画，后来在潘天寿的提议下，他将"继生"改为"寄僧"。李继僧毕业后，在潘天寿的引荐下，北上跟着齐白石继续深造。

"文革"中，李寄僧也成为造反派斗争的对象，但他听说老师被关进牛棚之后，一直担心老师一家的境况。当自己被放出来后，李寄僧几经周折，终于见到了潘天寿夫妇。乱世时的情谊尤为可贵，李寄僧的到来，让逆境中的潘天寿极为感动。

第二节
满心是伤,溘然长逝

  1969年2月,宁海大街上出现了一张触目惊心的海报:反动学术权威、国民党特务潘天寿批斗大会在宁海剧场举行。宁海人看到这个消息都震惊了,在很多宁海人的印象中,潘天寿是长辈口中那个自学成才,能把寺庙中的袅袅香烟画得惟妙惟肖的天才画家,是知名美术学院的院长、全国人大代表。1962年潘天寿在宁海城西举办个人画展,画中栩栩如生的秃鹫、雷婆头峰、水牛还历历在目,潘天寿是宁海人的骄傲。而就在两年后的1964年,潘天寿还以全国人大代表的身份回到宁海视察,宁海人夹道欢迎。短短五年时间,潘天寿就从天堂跌入了地狱,竟然以这种屈辱的方式再见家乡父老。

潘天寿作品《葡萄枇杷》

  1969 年 3 月 10 日，已经入春的宁海意外地下起了雪，仿佛是在为潘天寿鸣不平。已经身患重病的潘天寿被造反派拖上开往家乡宁海的火车，他们要当着潘天寿家乡父老的面批斗他，以这种方式来羞辱他，打击他的自信心，让他屈服。

  这对于自尊心极强的潘天寿来说是莫大的羞辱。1964 年返乡时的情景如在眼前，潘天寿在家乡天明山南溪温泉疗养所短暂停留，在那里作了一首诗："踪迹十年未有闲，喜今便得故乡还。温泉新水宜清浴，重看秋花艳满山。"荣归故里的喜悦还没有消散，现在却要以罪人的面貌与阔别的家乡父老见面。

  造反派的用意十分明显，他们恨死了潘天寿"冥顽不化"的样子，既然潘天寿花了一辈子的努力在父老乡亲面前塑造了一个完美形象，他们就要当众羞辱他，让他一辈子维持的尊严和面子荡然无存。

那天，宁海人潘国贤怀着忐忑不安的心情前往宁海剧场，目睹了整场批斗。

"一眼就看到潘天寿那高高的个子，身穿青黄色披风工作衣，戴着黑框眼镜，站在戏台上角位置。这是我第一次看到潘天寿，想不到也是最后一次见到这位伟大的艺术家。虽然他是站在台上受批判，可我却感觉到他的形象是那样的高大、伟岸还有慈祥。"

宁海的批斗结束后，造反派又拉着潘天寿去了他的出生地冠庄，继续对他进行羞辱。

在冠庄潘家祠堂里，当着潘家列祖列宗和乡亲的面，造反派对他百般羞辱，用墨涂满了他的脸，只留出两只眼睛；让他说"我是反动学术权威"，潘天寿不肯接受，他说："拿掉反动两字，我是学术权威。"结果换来造反派的又一顿拳打脚踢。

一位围观的乡亲见七十二岁的潘天寿遭受这般非人待遇，实在于心不忍，就搬来一条凳子让他休息，不料押解他的造反派冲过来一脚把凳子踹翻，而这名造反派，曾经是他的学生。

在被关进牛棚的几年时间里，潘天寿在周而复始的游街、批斗、示众中被摧毁

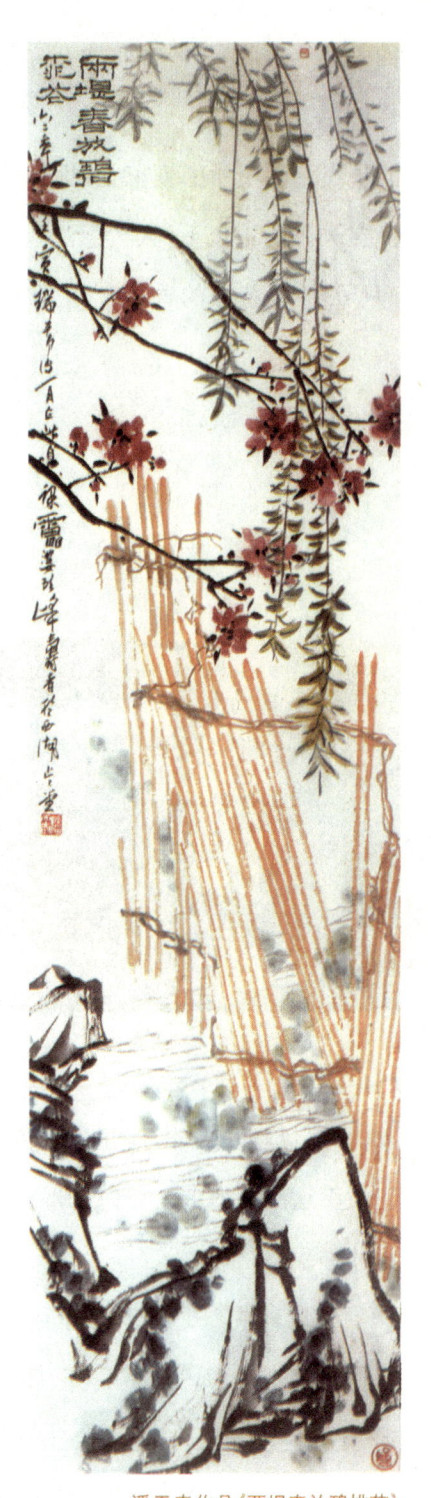

潘天寿作品《两堤春放碧桃花》

的是他年迈的身体,而这次在自己的老家当着家乡父老的面被羞辱,是击垮了他的精神。

在返回杭州的列车上,押解他的人都伴随着列车的哐当声入睡了,潘天寿坐在列车的地板上,久久无法入睡,白天被批斗的屈辱涌上心头。他在地上捡起一个别人扔掉的香烟盒,把它拆开展平,掏出钢笔在上面留下了三首诗:

千山复千山,山山峰峦好。一别四十年,相识人已老。
入世悔愁浅,逃名痛未遐。万峰最深处,饮水有生涯。
莫嫌笼鸷狭,心如天地宽。是非在罗织,自古有沉冤。

潘天寿在香烟盒上留下的最后诗篇

这三首诗既有对自己"莫须有"罪名的申辩,也是他超然心态的写照。回到杭州后,潘天寿就一病不起,造反派才没有再把他关进牛棚,他终于可以回家了。

1971年5月,家里庭院里依旧像往年一样,花花草草开得茂盛,一派郁郁葱葱、生机勃勃的景象,只可惜物是人非,院子的主人再也不能像往年那样,兴致勃勃地提起画笔,记录下这满园春色。此时的潘天寿病情加重,整个人消瘦虚弱,早已没有了往日的神采。

这天下午,"专案组"派了两个人来到潘家,向躺在床上的潘天寿宣读了定案材料:"反动学术权威、为敌我矛盾。"潘天寿气愤至极,当天晚上便陷入昏迷,逐送医院抢救,此后即卧床不起。

1971年的整个夏天,他都处在重病当中,持续血尿、双腿肿胀,情况很不乐观。当夏天快要过去的时候，潘天寿的病情稳定了很多，他终于长舒一口气，开始和何惜憧憬以后的生活，老友吴茀之也偷偷跑来看过他一次，这次短暂的见面，两人兴奋地谈了很久。大儿子潘炘要为他修剪指甲，他对儿子说："留着吧，好起来我还是要画指头画的。"

然而，他还是未能挨过这个夏天。

9月5日凌晨，他的病情突然恶化，七十四岁的潘天寿在朦胧的曙光中，带着满心的伤痛离开了这个世界。他的儿子潘公凯当时在浙南山区文成工作，他接到父亲"病危"的电报，还未来得及动身，另一封电报紧跟着就到了，上面写着"病故"，他终究未能见到父亲最后一面。

好友吴茀之听闻噩耗，要去和这位相交了五十多年的老师与朋友道别。朋友和

潘天寿作品《无边春色》

潘天寿作品《先春梅花》

潘天寿作品《墨梅》

家人都劝阻他,让他不要再自找麻烦。吴茀之说:"父母法场被绑,儿女是无所顾忌的了。我要去和潘先生告别。"他疯了一般跑到医院,望着潘天寿被病痛折磨得瘦骨嶙峋的身躯失声痛哭。

潘天寿的遗体火化时,前来送别的,除了家人,只有浙江美院的一位老师和吴茀之。

1972年,当时的政治环境稍微宽松了一点,这年周恩来在北京召开文艺界知名人士座谈会,吴茀之接到邀请前往参加座谈会,周恩来问吴茀之:"潘天寿先生是否有来?"吴茀之回答道:"潘先生去世了。"周恩来听了不由扼腕叹息,直呼这是中国画坛的一大损失。

1978年北京中国美术馆举办了"潘天寿平反画展",轰动京城。是年9月5日,潘天寿的追悼会在杭州隆重举行。追悼会后,他的骨灰被安放在杭州西湖九曜山南麓的玉皇山山民的墓地中。

墓碑上的字,是好友陆维钊题写的。1979年底,陆维钊已经病入膏肓,住进了浙江医院,何愔在儿子潘公凯的陪同下去探望陆维钊时,提到要为潘天寿重新修墓,墓碑上的字要重写,但是见陆维钊的病情,不忍开口。陆维钊听出了她的意思,不顾女儿的劝阻,执意从病榻上起身,最后一次为潘先生写字。

家属在旁边的空床上铺上木板,展纸研墨。陆维钊写了一幅之后就已经累得气喘吁吁,但他自己不满意,坚持再写,写完之后,顿时感到一阵晕眩。没想到,在潘天寿墓碑上的题字就成了陆维钊的绝笔,潘天寿与陆维钊当年因字相识,成为惺惺相惜的挚友。如今,陆维钊再用字来为这段情谊画上一个句号。

1981年,经教育部批准,在潘天寿故居景云新村一号成立"潘天寿纪念馆",纪念馆恢复了"文革"前的面貌。这里几经修缮,1991年,又在故居原有的基础上,扩建了新馆,包含了陈列楼、潘天寿故居以及一个庭院,庭院里有草坪和水池。新馆在风格上仍与潘天寿故居保持一致,外墙用青砖砌成,大门左侧的围墙上"潘天寿纪念馆"六个大字是书法家沙孟海的笔墨。

潘天寿故居内的陈设

在潘天寿生前绘画、书法创作的画室里，陈列着笔墨纸砚、煤油灯、颜料器皿，还有一摞书画作品等。潘天寿生前将自己的画室命名为"止止室"，其意为在名利面前止步。

1997年，潘天寿诞辰一百周年。宁海县政府为了纪念这位对中国绘画艺术做出卓越贡献的艺术家，将潘天寿冠庄故居修缮一新，正式对外开放。为了方便人们前去参观，还修了一条直通冠庄的路，并将其命名为天寿路。

1984年，文化部主办了"20世纪五大画家（吴昌硕、齐白石、潘天寿、陈之佛、傅抱石）巡回展"，先后在巴黎、伦敦、纽约等五大城市展出，好评如潮。

潘天寿生前有一个愿望："我的画将来要捐献给国家。"1984年，家人遵照其遗愿，将他生前创作的一百二十件作品捐献给文化部。

第三节

霸悍一生

潘天寿在世时,经常向学生强调"画品如人品",通过作品可以看出人品。所以,后人也可以通过解读潘天寿的作品来了解潘天寿。

潘天寿的作品中,经常出现的款识有"一味霸悍""强其骨",还有"不雕"和"宠为下"。这四枚印章既是潘天寿艺术风格的浓缩,也是他的人格与灵魂的真实写照。

2017年5月2日,中国美术馆举办的潘天寿诞辰120周年大展上,中国美术学院院长许江在致辞中高度评价潘天寿:"中国画以前讲究的是书卷气,不要霸悍,但是潘先生就强调一味霸悍,这种霸悍之气到今天,我们可以从中读到中国人的雄强之气;'强其骨',我们的骨气要强起来,顶天

潘天寿作品《映日荷花别样红》

立地、铮铮铁骨,这两方印是解读潘天寿先生绘画非常重要的导引。"

中国画,大多讲究"蕴藉",含蓄圆润,追求超脱清雅。潘天寿师承吴昌硕,从他那里学会了"蕴藉",但又跳出来,摆脱了吴昌硕的影子。他的"霸悍"也并非强势霸道,而是说一幅画要体现出十分鲜明的个人特征,个人风格就像一枚印章一样,让人一眼就能够识别出来。

在艺术风格上,潘天寿十分鲜明的特征是通过立意构图来营造出一种扑面而来的气势,在雄浑、厚重的意蕴中,又通过运笔和线条打造细节,很耐人寻味。老友吴茀之在评价潘天寿的绘画风格时曾说,他善于运用"造险"和"破险"的构图手法。很多人看潘天寿的画,都留下构图奇绝的印象,他擅长运用巨型岩石来营造"险""奇"的感觉,打破了巨石的沉闷、压迫之感,再通过点缀劲草、山花来增添野逸情趣,打造出平衡感。

不同于传统中国画追求没有人间烟火的意境,潘天寿的画透出一种喷薄而出的力量。黄宾虹在1953年看了潘天寿的画后曾说:"阿寿的画,力能扛鼎。"这种力量,来自于他的笔墨。潘天寿一直强调"强其骨",注重艺术的风骨。潘天寿早年受到经亨颐、吴昌硕等大师的影响,在书法中寻找绘画的意味,他的笔墨中有很深的书法的印记,多以线条勾勒出轮廓,再点染浓淡的苔点,在力量中带着灵活，力透纸背又果断洗练。

潘天寿笔下的松，苍劲坚毅，姿态孤绝；他笔下的岩石，也不似传统画家笔下那般圆润，而是突兀嶙峋，透出一种"不妥协"的刚毅。秃鹰在他的笔下，以丑怪形象示人，充满了力量。

"不雕"指的是反对雕琢，保持最自然本真的样子。这应该是受到经亨颐的影响，在浙一师时，潘天寿曾受教于经亨颐，后者对他的教诲就是"治印非以整齐为能事，要取其自然"。"自然"就是保持物象原本的模样。这一方面指的是创作状态，另一方面指的是要保持笔下创作对象的特质，不过分雕饰、美化。

"宠为下"指的是迎合世俗的喜爱是最为下等的。潘天寿以此来告诫自己，切不可在意世人的目光去迎合大众的审美，艺术家要胸怀大志、超脱出世俗的审美，去追求超越时代的艺术。他曾经告诫学生，"千万不要看社会上流行的画，要看好的画，才能提高眼界"。

潘天寿作品《映日》

潘天寿作品《携琴访友》

潘天寿作品《雄视》

可以说，这四枚闲章完整地概括了潘天寿的艺术风格和品格。作为艺术家的潘天寿，在师承前人的基础上，又在此基础上对中国画进行了创新和发展，改变了传统中国画属于文人雅士消遣之为的印象，又赋予了中国画更宏大的意蕴。

对中国画的创新发展，有着潘天寿那个年代的历史背景。20世纪初以来，中国画的发展一直是伴随着各种否定声，从民国时期开始，"改良中国画"的声音不绝于耳，西洋画在中国盛行，中国画被国人冷落；而外国友人却对中国文化、艺术推崇备至，这种落差感让潘天寿感到了危机，他主动扛起了弘扬中国绘画艺术的大旗。

潘天寿将自己的绘画与时代贴近，赋予中国画在新时期以新的面貌，打破外界对于中国画的各种偏见。他的中国画最大的突破，在于精神气质上的突破。绘画，归根结底是意境和格调，不同时期的绘画，应该有不同的精神面貌。所以，他摒弃了传统中国画追求闲情逸致的意境，在作品中表现出蓬勃向上的朝气，这在潘天寿画的松树上有十分鲜明的体现。

作为艺术家的潘天寿有着鲜明的"霸悍之气"，作为教育家的潘天寿亦是如此。

潘天寿从浙一师毕业后，大半辈子从事教学工作。在上海美专执教期间，他开始思考中国美术教育如何走向现代化，并且参与了第一个中国画系的筹建工作。

在这个过程中，当时主流美术院校都在引进西方的教学课程设置和教学方法，而忽视甚至低估了中国画的价值，中国画只是作为一门课程，成为西画专业教学辅助的内容。潘天寿从中国绘画史中，找到了中国画的根基，提出中国画作为独立学科，与西画分离的思想。

抗日战争时期，潘天寿在担任国立艺专校长时，把自己的中国画教育思想付诸实践，把中国画系建立起来。到这个时候，中国画学科的大框架已经搭建起来。到 20 世纪 60 年代,潘天寿又提出"山水、花鸟、人物"分科,在中国画学科的大框架下,细化出独立的学科。

潘天寿对中国画最大的贡献,是搭建了一个完整的中国画学科的框架,并且培养了一批山水和花鸟画的接班人,他也当之无愧地成为中国画现代教育的奠基人。

在潘天寿诞辰 120 周年大展开幕式上,中国美术学院院长许江说:"潘天寿是中国美术学院的开创者,中国画教育和书法教育事业的奠基者。他一生两度担任我院院长,在中国绘画面对西风东渐的挑战之时,力挽狂澜,以宏博的视野和坚定的毅力,建构起中国传统艺术在现代艺术教育体系中得以教习与传承的人文系统,奠定了当代中国艺术自我更新的重要的意识基础。"

对现代的艺术家来说,潘天寿留下的遗产,不仅是他的艺术成就。潘天寿之所以是大师,在于他能够站在更大的格局中,去思考传统中国画如何与现代接轨,找到未来的方向,他对于现代艺术家的启示在于,艺术家要把自己放到宏观的文化中,对整体格局进行宏观思维,把自己当成一个文化人,才有可能成为大师。

参考文献

林风眠《东西艺术之前途》
潘天寿《论画残稿》
吴冠中《林风眠和潘天寿》
张振铎《忆寿师》
庞薰琹《就是这样走过来的》
潘天寿《自述》
潘天寿《听天阁画谈随笔》
潘天寿《谈谈中国传统绘画的风格》
潘天寿《谁说'中国画必然淘汰'?》
潘公凯《飘散了的记忆——回忆父亲潘天寿》
姜宝林《回忆潘天寿先生》
曹聚仁《我与我的世界》
潘天寿《佛教与中国绘画》
刘海粟《日本之帝展》
史岩《潘天寿在史论方面的贡献》

潘天寿《中国绘画史》
潘天寿《域外绘画流入中土考略》
潘国贤《印象中的潘天寿先生》
陆昭怀《世纪誓约 教育重任——缅怀潘天寿先生与先父的高等书法教育情结》
刘晓林《林风眠和潘天寿为艺术而战（全）论东西方艺术的统一性和独立性》
朱颖人《我的老师吴茀之先生》
力虹《一代大师的痛与恨——怀念'文革'死难者潘天寿》
朱新良《长风白水皆有情》
马明宸《潘天寿与浙江美术学院》
郑镜台《上海新华艺专发展始末》
郑朝《烽火中的国立艺专》
卢旦华《国立英士大学始末记》
卢辅圣《文化史中的潘天寿》